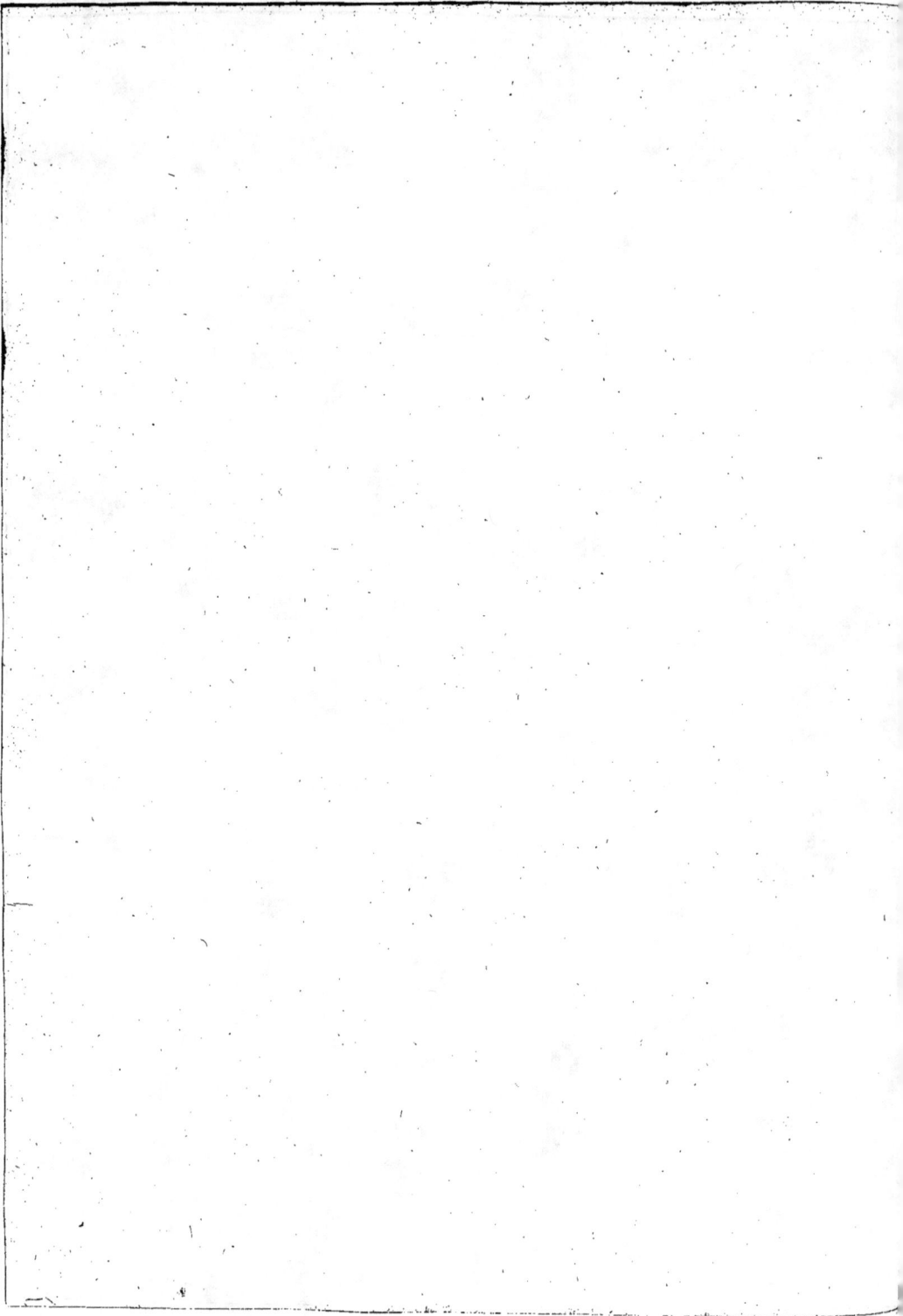

# DE LA DÉFENSE

### ET

## DE L'ATTAQUE

# DES PETITS POSTES.

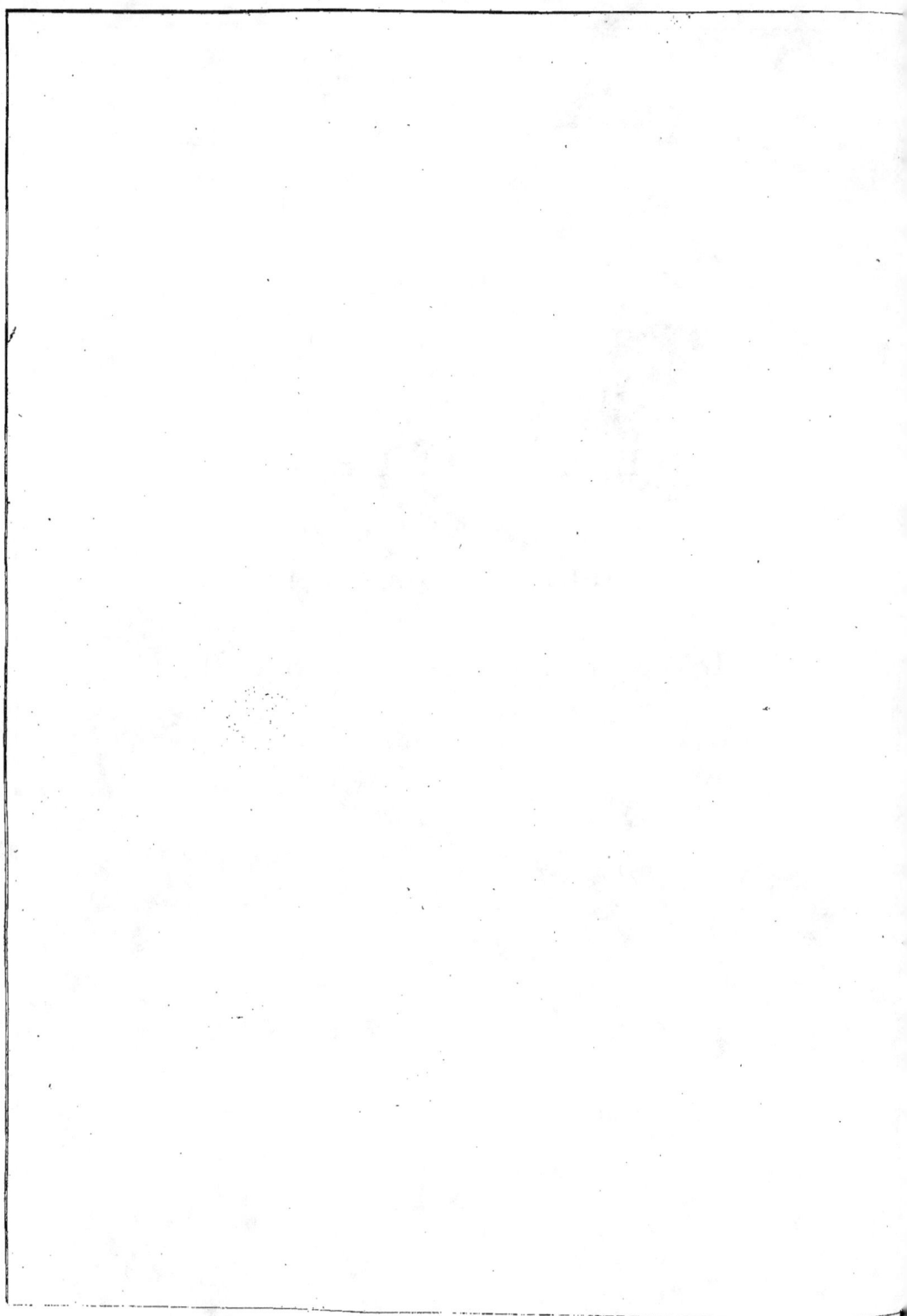

# IDÉES D'UN MILITAIRE

POUR

## LA DISPOSITION DES TROUPES

CONFIÉES AUX JEUNES OFFICIERS

DANS

## LA DÉFENSE ET L'ATTAQUE

### DES PETITS POSTES.

Par M. Fossé, Officier au Régiment d'Infanterie du Roi.

DÉDIÉ

## A M. LE DUC DU CHATELET.

DE L'IMPRIMERIE DE FRANÇ. AMB. DIDOT L'AINÉ.

A PARIS,

Chez ALEXANDRE JOMBERT, JEUNE, rue Dauphine.

M. DCC. LXXXIII.

# A MONSIEUR

## LE DUC DU CHATELET,

Chevalier des Ordres du Roi, Lieutenant-Général de ses armées, Colonel-Lieutenant-Inspecteur de son Régiment d'infanterie, ci-dev. Ambassadeur de Sa Majesté aux Cours de Vienne et de Londres.

## MONSIEUR,

Vous avez cru nécessaire de compléter le cours d'instruction de MM. les Officiers du régiment d'infanterie du Roi, sur les Mathématiques, la Fortification et le Dessin, par un Traité élémentaire de la défense et de l'attaque des petits postes.

Vous m'avez ouvert, Monsieur le Duc, une carriere presque nouvelle : je vous dois tous les moyens d'avoir, sous la protection spéciale de Sa Majesté, présenté des regles et des exemples dont chaque Officier particulier peut faire, tous les jours, l'application à la guerre.

Daignez agréer mes essais, ma reconnoissance, et le profond respect avec lequel je suis,

MONSIEUR,

Votre très humble
et très obéissant serviteur
FOSSÉ.

# TABLE

## DES DIVISIONS DE CET OUVRAGE.

## PREMIERE PARTIE.

### DE LA DÉFENSE.

# TABLE.

# TABLE.

## SECONDE PARTIE.

### DE L'ATTAQUE DES PETITS POSTES.

# DES COULEURS PROPRES AU LAVIS DES PLANS,

## et de la conduite à tenir pour les employer.

# TABLE.

# FIN.

# PRÉFACE.

Depuis long-temps les grands maîtres qui ont écrit sur l'art de la guerre ne nous laissent rien à desirer sur la grande tactique : elle embrasse tous les devoirs des officiers généraux destinés à commander les armées, et des officiers supérieurs à qui le commandement d'un corps nombreux peut être confié. Ces ouvrages, qui fixent l'admiration des militaires éclairés, fournissent abondamment, par des principes et des exemples, toutes les instructions nécessaires à ceux qui s'occupent à les méditer.

On a pensé qu'une instruction, que des préceptes et des exemples d'un autre genre, présentés à des officiers d'un grade inférieur, dont quelques uns n'ont encore pu jouir des avantages que procurent l'expérience et la pratique, pourroient ne pas être sans utilité : et c'est ce qu'on a essayé de faire dans un ouvrage entrepris par les ordres et sous les auspices des chefs d'un corps respectable, dont l'heureuse institution est de former,

# PRÉFACE.

dans les écoles gratuites que le roi daigne y entretenir, de vrais militaires à l'état.

Cet ouvrage, destiné particulièrement à compléter le cours de géométrie et de tactique élémentaire à l'usage de MM. les officiers du régiment du roi, deviendra sans doute d'une utilité générale, si ce premier essai peut engager les militaires éclairés à approfondir une matiere dans laquelle on a cherché à tracer une route et à établir des regles qui puissent avoir une application journaliere, même pour ceux qui, l'ayant fait avec réflexion, peuvent desirer de se rappeller ce qu'ils ont pratiqué ou vu pratiquer sous leurs yeux.

L'ordre pour commander dans une armée les détachements dont la conduite doit être confiée aux officiers particuliers, la défense et l'attaque des petits postes, enfin la maniere de tirer le meilleur parti possible des terreins et de la troupe qui leur est confiée, sont le but de cet ouvrage.

On a commencé par une instruction sur la fortification de campagne. La premiere planche contient des profils, pour servir à l'intelligence des

# PREFACE.

retranchements appliqués aux petits postes. Les autres planches représentent la campagne dessinée avec beaucoup de soin et de détails : on y suppose des terreins occupés par des troupes, les moyens qu'elles emploient pour s'y retrancher, les ordres pour les marches, les dispositions faites ou projetées, les attaques exécutées ou manquées.

Pour en faciliter l'étude aux jeunes officiers, il sera bon de leur mettre sous les yeux chaque exemple séparément dessiné sur une plus grande échelle. Un éleve exercé sur tous ces exemples, dont la main se sera formée au dessin, composera de lui-même des terreins, y établira des postes et des retranchements, d'après des moyens et un temps donnés; il formera ses dispositions de défense ou d'attaque, suivant la quantité de troupes qu'il y voudra employer.

Si à cet amusement il joint l'étude des auteurs militaires, il se meublera la mémoire de connoissances applicables dans nombre d'occasions qui se présentent souvent à la guerre.

On y a joint un traité du lavis des plans, pour

## PRÉFACE.

donner des moyens faciles de les représenter; et les planches, qui facilitent l'intelligence du texte, paroissent encore, par le soin avec lequel elles sont gravées, devoir servir de modele dans un genre d'utilité et d'agrément.

# DE LA DÉFENSE

## ET

# DE L'ATTAQUE

## DES PETITS POSTES (1).

## PREMIERE PARTIE.

### DE LA DÉFENSE.

#### INTRODUCTION.

Un officier particulier qui n'a, suivant notre usage, que trente ou cinquante hommes à ses ordres, et dont le poste est destiné à former la chaîne ou la garde du camp, n'a pas besoin d'un fort retranchement : il est à portée d'être secouru des piquets de l'armée. Cette sorte de poste doit être à l'abri seulement d'un coup de main, pour servir de retraite aux troupes légeres repoussées par l'ennemi, l'arrêter un moment, et donner le temps à l'armée de se mettre en défense.

(1) On met au rang des petits postes, les censes, hameaux, châteaux, villages et bourgs, dans lesquels on place un brigadier, un colonel, un lieutenant-colonel, avec un détachement plus ou moins considérable.

A

Ainsi tout officier commandant une garde doit se fortifier assez pour n'être pas enlevé. S'il ne peut achever son ouvrage, il doit du moins le commencer : les gardes suivantes le perfectionnent. Il est toujours important alors de rechercher tous les moyens qu'offrent la position du lieu et ses environs.

Si l'on ne peut se retrancher dans son poste, on doit être continuellement sur le QUI VIVE, et s'assurer un point de retraite.

Lorsque le pays est couvert, les gardes se rapprochent, et les petits pelotons qu'elles détachent se portent sur les débouchés et sur les points qui découvrent. Il est des cas où ces petits pelotons ne se détachent que la nuit; souvent alors ils ne font point de feu : la lumiere sert de guide à l'ennemi (1).

S'il arrive qu'un fusil parte par accident, on en fait instruire les postes voisins, et la tranquillité est aussitôt rétablie.

Il est prudent de ne jamais laisser approcher de son poste aucun paysan curieux, ni même aucun marchand : des ingénieurs, des officiers intelligents, se

_____

(1) Lorsque dans les nuits sombres il se présente quelques patrouilles, on convient d'un signal qui se fait à bas bruit. Si la troupe n'y répond pas, on l'arrête : si elle veut passer, on tire dessus, et les gardes se mettent en défense. Leurs commandants envoient reconnoître l'espece et la force de la troupe ennemie : on fait ces découvertes avec beaucoup de circonspection.

déguisent souvent ainsi pour reconnoître une position.

Que l'on soit en pays ami ou ennemi, l'on évite
également le dégât, et l'on se borne au mal nécessaire; l'humanité le conseille, l'intérêt personnel l'e-
xige. On ne peut occuper long-temps un pays qu'on
dévaste : d'ailleurs la haine des habitants excite leur
vengeance, et leur suggere mille moyens de nuire.

# DE LA CONSTRUCTION
## DES OUVRAGES.

Pour former un retranchement, il ne suffit pas de remuer les terres; il faut joindre, à la solidité, la propreté de l'ouvrage.

Les profils doivent être bien suivis, le gazon régulièrement coupé, les terres fortement battues, les claies et les fascines liées et serrées, parcequ'elles sont destinées à retenir les terres, qui tendent toujours à s'ébouler.

Les palissades seront enfoncées et bien assujetties pour n'être pas facilement enlevées par l'ennemi. Celles qu'on incline dans des terres remuées courent le risque d'être déplacées par les vents et les pluies.

Les moments de gelée sont ceux où le travail est le plus pénible; et, si l'on ne redouble pas d'attention, les palissades entraînent tout l'ouvrage quand il survient un dégel.

La fortification de campagne est tracée au cordeau, mais les petits objets se tracent le plus souvent à vue.

Pl. I. Fig. I. Lorsqu'on se retranche dans un verger entouré d'une haie, si elle est assez forte pour retenir les terres, on la coupe à la hauteur qu'on veut donner au parapet. Elle lui sert d'appui, lui donne une force qu'on augmente encore en entrelaçant cette haie de menues branches et de palissades.

Fig. II. Il faut toujours que la banquette soit assez élevée pour dominer sur les dehors. On peut prendre les terres dans l'intérieur du retranchement, quand on ne craint pas de rencontrer l'eau.

Si, retranché derriere une haie, l'on trouve au-delà un petit fossé, on l'élargit, on le creuse; et si l'on peut y faire venir l'eau, il est d'une meilleure défense.

Les terres qui ne servent point au parapet, se jettent en dehors. On les talute du côté de la campagne; et, s'il se trouve assez de terres, le talut s'aligne sur la plongée du parapet.

Fig. III. Le retranchement est-il au bord d'un ruisseau, d'une riviere, ou d'un ravin? les terres ne peuvent se tirer que de l'intérieur. Il faut avoir l'attention de ne pas s'enfoncer jusqu'au niveau de l'eau.

On jette des claies et des fascines sur les terreins marécageux, pour s'assurer le pied et se faciliter les communications. Sur un terrein horizontal, avant d'élever les terres du parapet, on pratique dans l'intérieur une ou plusieurs petites rigoles pour conduire les eaux de pluie dans le fossé.

Fɪɢ. IV. Si l'on est sur une hauteur au bord d'une riviere, on s'enfonce plus ou moins pour se couvrir : on donne à la tranchée une largeur proportionnée aux troupes qu'on y veut placer.

Pour que le parapet ait plus de solidité, on creuse jusqu'au terre-plein de la banquette ; on fait battre les terres que l'on jette sur le sommet du parapet ; on en rend, si on le peut, l'extérieur inabordable : pour cela, on coupe à pic une partie des terres du talut extérieur.

Fɪɢ. V. On suit le même procédé pour rendre inaccessible une montagne, quand elle n'est pas de sable mouvant. Les terres se soutiennent assez d'elles-mêmes pour le temps que doivent durer ces sortes d'ouvrages.

Si la riviere forme des coudes, il faut, pour se préserver des feux qui peuvent enfiler une tranchée, y laisser, de distance à autre, des parties solides, appellées traverses, et en élever aussi vis-à-vis des débouchés ou des communications que l'ennemi pourroit appercevoir.

Fɪɢ. VI. Un abattis solide et bien fourré est un bon retranchement, mais on n'y est pas couvert du canon. Les éclats de branches y font du dégât. Il est avantageux d'appuyer un épaulement contre cet abattis.

On creuse quelquefois des puits en forme d'entonnoir au-delà des retranchements. On plante dans le milieu de ces puits une palissade bien affilée, et, dans les intervalles, de forts piquets bien aigus : toutes ces pointes ne dépassent que de très peu les terres de l'excavation.

Plus les rangs de puits sont multipliés, plus ils causent de désordre à l'ennemi, qui ne peut les passer sans se rompre.

On fait, au-delà des retranchements, un avant-fossé, quand on peut le remplir d'eau, ou le flanquer de quelque ouvrage : autrement l'ennemi s'en serviroit pour se couvrir et reprendre haleine.

Fig. VII. Un parapet doit toujours être d'une épaisseur et d'une hauteur proportionnées à l'espece d'armes que l'attaquant peut employer.

Les fossés se creusent à raison de la quantité de terres dont on a besoin, et selon les obstacles qu'on veut opposer à l'ennemi.

Un parapet doit avoir au moins trois pieds à son sommet, pour garantir de la mousqueterie. Lorsqu'on a du temps, des bras et des outils, on fait toujours le parapet plus épais : l'ennemi peut mener avec lui du petit canon ; trois pieds alors ne suffiroient pas.

Avant de construire un retranchement, l'officier calcule la surface du profil de son parapet, en y com-

prenant la banquette et les talus; il divise cette surface par la profondeur qu'il veut donner au fossé, et
il en trouve la largeur.

Le profil du parapet X est estimé environ qua-
rante-huit pieds quarrés. La banquette, retenue avec
des claies, a deux pieds de hauteur, et cinq de terre-
plein; le parapet, six pieds et demi de haut, quatre
d'épaisseur à son sommet, et environ sept à sa base.

Si l'on divise par six pieds (profondeur du fossé)
on aura pour sa largeur huit pieds; mais comme les
terres exigent qu'on laisse toujours un talut, on ne
donne que sept pieds pour la largeur E C ou A B; on
augmente A B d'un pied et demi de chaque côté, ce
qui suffit dans des terres non remuées. Alors le fossé
se trouve de dix pieds de largeur de C en F.

La surface de l'excavation est plus grande que celle
du profil : à plus forte raison, le solide des terres sera-
t-il plus grand. S'il est nécessaire de donner cette largeur au fossé, on jettera le surplus des terres en dehors.

On aura la solidité en multipliant la surface du
profil par la longueur du parapet, prise au centre :
de même celle de l'excavation du fossé.

On estime qu'un homme peut enlever en cinq
heures une toise cube de terre jettée de la premiere
main. On peut estimer, d'après cela, le temps né-

cessaire à la construction d'un ouvrage, et la quantité d'hommes qu'il faut y employer.

Ce calcul suffit pour les travaux de cette espece dans les terres vierges (1) : des résultats plus exacts ne sont utiles que pour des ouvrages en grand et du ressort des officiers au Corps-Royal du Génie.

Lorsqu'on fait l'excavation, l'on ne creuse que l'espace A B C D. On jette les terres sur l'emplacement du parapet, et sur la berme. Lorsque le fossé est, dans toute son étendue, à sa profondeur, on profile, le long du fossé, dans les terres, les triangles C A E et B C F : on les fait couper de place en place ; et les travailleurs, suivant exactement le profil, enlevent les terres et les jettent sur la berme ou en dehors.

Quand on retient les terres avec des claies ou des fascines posées sur le talut intérieur ou extérieur des parapets, il ne suffit pas de les affermir en les liant et en les lardant de piquets, il faut encore les attacher à

---

(1) Supposé qu'on voulût faire un simple épaulement ; si l'on avoit une redoute à construire, et qu'on y employât des fascines et des gabions, on auroit besoin d'une moindre quantité de terres pour le parapet et la banquette, à moins que le profil ne fût très élevé. Les terres qu'on tireroit du fossé ne seroient pas suffisantes pour lui donner assez de largeur et de profondeur; alors le surplus se jetteroit sur la contrescarpe : on les étendroit en s'alignant sur la plongée du parapet. Lorsqu'elles sont élevées et bien battues, elles peuvent garantir le parapet du canon; l'ennemi n'en est pas moins découvert jusqu'à la plante des pieds.

B

de forts piquets enfoncés dans l'épaisseur du parapet:
les liens sont de bois pliant; l'osier est le meilleur.

Les claies ainsi assujetties résistent long-temps à
la poussée des terres, permettent de diminuer les taluts, et la fortification est d'une meilleure défense.

On emploie des gabions et des fascines, si on a le
temps de s'en procurer : les parapets en durent davantage. Les fascines servent au revêtement intérieur
et quelquefois à la banquette : on en met aussi au revêtement extérieur, mais plus en talut (1). La longueur des fascines ordinaires est de dix pieds : on les
assujettit avec des piquets longs de trois ou quatre
pieds, gros d'un pouce ou un pouce et demi : six
hommes font en une heure douze fascines.

On revêt aussi les parapets de gazons coupés en
coin, épais d'environ quatre pouces, longs d'un pied,
et de la largeur du louchet ou de la bêche avec laquelle on les coupe.

On pose l'herbe en dessous; on les assujettit avec
de petites brochettes, et on bat les terres; on ébarbe
ensuite le revêtement pour plus grande propreté.

---

(1) Dans la grande fortification en terre, on fait usage de beaucoup de claies et de fascines sur les terreins sablonneux. Qu'arrive-t-il dans les temps de sécheresse? Les sables s'é-boulent, laissent les soutiens à dé-couvert; l'ennemi, qui s'en apperçoit, y met le feu : communément l'eau renfermée dans un fort ne suffit pas pour l'éteindre.

Quelquefois on garnit la crête du parapet de sacs à terre ou de petits gabions. Ils ont quinze pouces de hauteur, treize de largeur en dessus, et neuf ou dix en dessous. Ils se joignent par le haut, et laissent ainsi de petits intervalles à travers lesquels le soldat fusille avec assurance, ayant la tête garantie de la mousqueterie.

On fraise encore les parapets. Fraiser, c'est incliner des palissades au pied du talut. On les attache avec de gros clous, ou des chevilles, sur une ou deux poutres qui sont au moins longues de douze pieds, et fortes de six pouces quarrés.

On lie ces palissades aux poutres avec du bois pliant, quand on ne peut se servir ni de clous ni de chevilles; mais les poutres sont toujours assujetties avec de gros piquets que l'on enfonce dans la terre.

On met huit ou neuf fraises ou palissades inclinées, par toises, en leur donnant trois pouces de distance.

Pour fermer l'entrée des redoutes ou quelques passages, on construit des chevaux de frise. Leur poutre doit avoir douze pieds de long, six pouces quarrés; les traverses, sept pieds de long, et quatre pouces quarrés.

Fig. VIII. On se retranche derriere des murs, dans une maison, dans un cimetiere, ou dans une cour.

Lorsqu'on a des madriers, des planches, ou d'autres matériaux propres à des banquettes, on en construit le long des murs; on les éleve assez pour fusiller par-dessus, ou par des créneaux faits au mur: on monte sur ces banquettes par des rampes faites de planches.

FIG. IX. Si l'on est dans un cimetiere dont les murs soient trop élevés, on les abat jusqu'à la hauteur du fusil; les débris servent à construire la banquette: autrement, on les jette au loin. Si les murs se trouvent au point desiré, on creuse dans l'intérieur pour se mettre à couvert; on pratique une banquette assez haute pour faire feu par-dessus.

FIG. X. Dans un bâtiment, on fait une tranchée au pied du mur; on perce des créneaux au niveau du terrein, à trois ou quatre pieds de distance, suivant la quantité de troupes. S'il y a des ouvertures trop grandes, on les bouche avec des planches, des madriers, du fumier, &c. On y laisse des intervalles pour servir de créneaux.

Lorsqu'on peut établir des banquettes pour tirer à six ou sept pieds de hauteur, on perce un second rang de meurtrieres ou créneaux; on en fait un troisieme à la hauteur du premier étage; enfin on fusille par les lucarnes des greniers et par des trous qui se pratiquent aisément dans la couverture.

Fɪɢ. XI. Voyez le dehors d'un mur crénelé à trois
rangs. Les trous ne doivent avoir en dedans que la
largeur nécessaire au passage du fusil. On les fait hauts
de quelques pouces, s'évasant en dehors comme une
embrasure, afin de voir et de tirer sur une plus grande
étendue de terrein.

## Iᵉʳ.  E X E M P L E.

### Un capitaine et cinquante hommes
### dans une ferme.

#### O R D R E.

Pʟᴀɴᴄʜᴇ II. Uɴ capitaine avec cinquante hommes dans la ferme, à l'extrémité du village de Vaux,
gardera le pont du ruisseau M, et l'espace qui joint
les deux postes voisins, avec lesquels il établira des
communications. Il ne laissera sortir personne sans
être muni d'un passeport ou permission, soit du général, soit du major-général. Il se retranchera le plus
promptement possible, afin d'être en état de soutenir
les troupes légeres qui, forcées par l'ennemi, repasse-
roient le pont.

S'il croit être attaqué, il avertira, par un soldat
d'ordonnance, le piquet placé derriere le village. Ce
piquet a ordre de rendre l'avis au camp, de courir au
pont X du moulin, de le défendre, et de donner du

secours à la garde. Les commandants doivent combiner ensemble leurs mouvements défensifs, ou leur retraite sur le camp.

## EXÉCUTION.

Le capitaine, arrivé à son poste (1), en parcourt les environs, et dispose sa troupe dans l'ordre qui suit : Pour défendre le pont M, il place un lieutenant à l'angle du verger, et lui donne un sergent, un caporal et dix-huit hommes. Il s'établit dans la ferme avec le reste de sa garde ; il poste, entre les deux granges Z, huit hommes avec un sergent, et, près du batardeau N un caporal et quatre hommes.

Le lieutenant fait construire, à l'angle du verger, un épaulement élevé seulement de quatre pieds, pour que le soldat puisse fournir un feu rasant sur le pont M. Il poste son caporal et quatre hommes à l'angle du pré P, et la sentinelle, cinquante pas en avant à la croisée du chemin.

L'épaulement a trois toises de face sur le pont et une toise de l'autre côté : on prend les palissades du

---

(1) Un officier doit, avant de partir du camp, s'assurer par lui-même si les armes de sa troupe sont en bon état, si elle est fournie de munitions et d'outils propres à se retrancher.

Lorsqu'il est arrivé, il envoie au camp un soldat d'ordonnance.

Si la nature du pays exige des outils de préférence, il le mande, afin que la nouvelle garde en soit pourvue.

jardin pour soutenir les terres en dehors. Elles sont jointes par un linteau fortement attaché avec des liens ou des clous, et assujetties à de forts piquets enfoncés dans l'épaisseur de l'épaulement.

On fait soutenir les terres en dedans par des gazons, et creuser un peu celles du verger le long de la haie et de l'épaulement, afin que les soldats puissent être à couvert en fusillant sur la plaine. On garnit la haie de palissades, depuis l'épaulement jusqu'à la grange.

On construit encore, à côté du four O, un petit batardeau qui sert de pont de communication avec le poste du caporal, et qui éleve l'eau du fossé. On munit le pont, de fagots secs et de paille, pour y mettre le feu et arrêter l'ennemi en cas d'attaque.

Le capitaine établit sa communication avec le lieutenant par les portes de la grange, fait faire des banquettes derriere le mur de la porte, et créneler les murs des bâtiments, du côté de la plaine; il fait construire aussi un batardeau N sur le ruisseau, pour élever l'eau du marais.

Son poste fournit une sentinelle au pont X, une seconde au haut du pavillon Y, et une troisieme entre les deux granges.

Le lieutenant a une sentinelle aux armes, une au four O; son caporal, une, trente pas en avant de son

poste sur le chemin P, pendant le jour, et deux pendant la nuit : ce poste est alors renforcé de deux
hommes, et les sentinelles se tiennent à vingt pas les
unes des autres.

Le capitaine et le lieutenant examinent ensemble
le terrein que les patrouilles doivent parcourir de jour
et de nuit, et en instruisent les caporaux. Ils entre-
tiennent toujours une patrouille dehors pendant la
nuit, avec le mot d'ordre ou un signal convenu pour
se faire reconnoître des postes ou des sentinelles.
Cette patrouille marche à petits pas et sans bruit, dans
les endroits où l'ennemi pourroit déboucher.

Le premier sergent du poste, en y arrivant, prend
le nom de chaque soldat, afin de pouvoir rendre
compte de celui d'entre eux qui se seroit écarté, qui
auroit déserté ou manqué à son service. Le commandant garde une copie de cette liste. Quelques uns de
ses soldats écartés ou détachés peuvent mériter à son
insu d'être punis ou récompensés : il est ainsi en état
de satisfaire aux recherches que l'on en feroit.

On suppose ici que le temps n'a pas permis de
faire plus de travaux. Le poste reste pendant la nuit
tel qu'on vient de le disposer.

Les gardes se relèvent plus ou moins matin, suivant la saison.

Le commandant de l'ancienne garde communique à celui de la nouvelle toutes les connoissances qu'il a relativement à la défense de son poste.

Le capitaine de la nouvelle garde juge qu'un petit redan appuyé aux deux granges flanqueroit mieux le front de son poste; qu'un petit épaulement P, de deux toises de long, couvriroit le caporal; que des palissades mises dans la haie qui borde le ruisseau à la gauche du pont M, serviroient à le défendre et à donner le temps de le rompre ou de le brûler : étant près du bois, il peut en tirer les matériaux nécessaires pour faire construire ces ouvrages. Alors il les trace, et les fait promptement exécuter.

Le caporal en P ne doit se retirer que dans le cas où l'arriere-garde des troupes légeres auroit repassé le pont. En le repassant lui-même, il doit en enlever les planches et les madriers, ou le brûler s'il est pressé. Il se place ensuite à la gauche du pont, il fusille vivement, ainsi que les troupes légeres.

Chaque garde ajoute aux travaux, élargit les fossés, fraise les ouvrages, et les perfectionne, &c. Par ces moyens, un poste ne peut bientôt plus être insulté sans canon.

C

## I Iᵉ. EXEMPLE.

Un capitaine et cinquante hommes
à la lisiere d'un bois.

### ORDRE.

Pl. II. Un capitaine, un lieutenant et cinquante
hommes, se porteront à la lisiere du bois de Belvue,
sur le chemin qui conduit à Berne.

Ils doivent garder le front du bois, depuis le pont
des prés jusqu'au marais de la ferme de Vaux. Dans
cet intervalle, le capitaine distribuera sa garde en
plusieurs postes.

Il en fera poser les sentinelles assez rapprochées
pour qu'il ne passe personne sans être apperçu : il
enverra des patrouilles de temps à autre dans le village en avant de son poste, pour s'informer s'il y paroît
quelque ennemi. Dans ce cas, il en avertira les postes
voisins : il détachera sur-le-champ une ordonnance
au camp, si l'ennemi vient en force ; et l'arrêtera le
plus qu'il lui sera possible, en se ménageant toujours
de pouvoir se retirer en bon ordre.

S'il est attaqué de nuit, il fera le feu le plus vif,
et n'abandonnera son poste sous aucun prétexte, dût-
il y être pris.

### EXÉCUTION.

Le capitaine ayant, avec son lieutenant, reconnu le terrein qu'il doit garder, distribue sa troupe en trois parties : il se place en U sur le bord du chemin, envoie le lieutenant et vingt hommes à la pointe du bois T, un sergent et dix hommes sur le bord du ravin V.

Ces trois postes fournissent une chaîne de six sentinelles de jour, et de huit de nuit.

Le lieutenant détache, pendant la nuit, son caporal et quatre fusiliers à la sortie du bois, entre son poste et celui du capitaine. Le sergent fournit, pendant la nuit, une sentinelle au bord du ravin, que par précaution l'on a barré avec deux arbres en forme d'abattis. Par ce moyen les sentinelles sont à de petites distances durant la nuit; et, de jour, elles sont assez rapprochées pour que rien ne passe sans être vu.

La nuit, on fait continuellement des patrouilles en avant de la chaîne. Elles ont un signal muet et le mot d'ordre pour se faire reconnoître. Elles marchent avec la plus grande précaution, écoutent si l'ennemi fait quelque mouvement, et s'il ne se glisse personne entre les sentinelles, qu'elles tiennent continuellement alertes, afin qu'aucune d'elles ne s'endorme et ne se laisse surprendre.

Le capitaine, profitant de l'élévation de son poste, fait abattre les arbres et les buissons qui le couvrent du côté de la plaine; fait commencer un épaulement, dont la face brisée a neuf toises de longueur, quatre pieds d'épaisseur à la crête, et cinq pieds de hauteur: le flanc gauche borde la crête du ravin dans lequel passe le chemin : la gorge est faite en demi-cercle; (les soldats, qui passent la nuit autour du feu, en sont mieux rassemblés, et se chauffent tous également;) elle est bordée de pieux ou palissades, et garnie en dehors d'un rang d'abattis.

On coupe la banquette dans le terrein : ce qu'on enleve du terre-plein sert à la construction de l'épaulement.

On pratique du côté de l'escarpement, et dessous le parapet, une rigole pour les eaux de pluie. On laisse une très petite ouverture à l'entrée du poste.

Le lieutenant fait un redan T à la pointe du bois; il coupe les arbres à la hauteur du parapet; et la position étant peu élevée, le déblai du fossé sert à le construire. On le soutient par des pieux et de menues branches entrelacées : cela suffit pour être à l'abri des coups de fusil. Pour rendre l'approche plus difficile, ce redan est couvert d'un abattis.

Le sergent est placé à l'angle V du ravin, qui lui sert de fossé. Il s'entoure de quelques branches d'arbre pour se parer du vent. Il lui est ordonné de rejoindre le capitaine si l'ennemi paroît en force.

Les sentinelles doivent se retirer sur leurs postes, après avoir crié, AUX ARMES; et si le vent doit emporter leur voix, elles tirent un coup de fusil.

Pour une meilleure défense, on augmente l'épaisseur du parapet; on creuse le fossé du lieutenant; on en double les abattis, et on les attache si fortement, que l'ennemi ne puisse les arracher ni les franchir sans s'exposer long-temps au feu de chaque poste.

Par ces moyens on donne le temps aux troupes que l'on couvre de prendre les armes, et à leurs piquets de venir au secours.

### REMARQUE.

Lorsque les bois sont très clairs et sur la pente d'une montagne, on se tient sur la partie la plus élevée : les petits détachements se portent en avant vers la lisiere du bois. Quelquefois il se trouve des hauteurs escarpées, des belvéders d'où l'on découvre au loin; on en fait des points d'observation et de ralliement: peu de travaux y mettent à l'abri de toute insulte.

Les postes des environs reconnoissent ou pratiquent des communications pour s'y réunir en cas de besoin.

Les troupes qui se retranchent dans des bois ou à portée ont plus de facilité : les moyens leur abondent.

Si l'on est dans un bois de sapins (ils sont plus propres aux palissades), les branches s'entrelacent dans des piquets, et retiennent les terres des parapets. Les fossés y sont plutôt creusés, parcequ'en général le terrain y est sablonneux; mais il faut les faire plus larges, plus profonds, et même les fraiser, parceque les taluts, toujours plus grands, sont plus accessibles à l'ennemi.

Les sapins sont aisés à travailler; mais les abattis n'en sont pas d'une bonne défense : ils ont trop peu de branches, et opposent un foible obstacle.

On ôte les menues branches, et, comme ils ne présentent pas autant de pointes que les autres arbres, on les larde de palissades.

Si l'on est en terrain bas, il faut tâcher d'attirer de l'eau dans les fossés : on les fait plus larges que profonds; la largeur en impose.

Dans le voisinage d'un bois taillis, on peut se procurer des fascines et des gabions. Le long des rivieres ou des endroits marécageux, on trouve des saules, des aunes, et d'autres bois pliants propres à faire des claies. Alors on peut enfoncer de gros piquets qui sortent de terre de trois ou quatre pieds : on les entrelace avec des feuillages : on lie ces piquets de l'un à l'autre, pour que les terres ne les écartent pas. Lorsqu'elles sont élevées à la hauteur d'un piquet, on en plante de nouveaux, qu'on entrelace de la même maniere, et ainsi de suite jusqu'à ce que le soldat soit couvert.

Lorsque les terres de la contrescarpe prennent trop de pente, on les soutient avec des claies en éche-lons; on contient les claies avec de forts piquets affi-lés, on les laisse dépasser de quatre pouces. On plante quelquefois le fond du fossé de piquets plus ou moins longs.

On fait de ces especes de retranchements dans des terreins marécageux; et lorsqu'il s'y trouve des en-droits secs, on s'y place de préférence : la communi-cation s'y établit sur des claies. Celles qui servent à faire un pont pour entrer dans le retranchement, ou pour passer un ruisseau, se levent la nuit aussitôt que les patrouilles sont sorties ou que les sentinelles sont relevées, afin de mettre le poste à l'abri des sur-prises.

On voit, par tous ces petits objets, qu'un officier intelligent qui releve un poste huit jours après son établissement, trouve encore à occuper sa troupe en augmentant les ouvrages.

DE LA DEFENSE

## I I I<sup>e</sup>. E X E M P L E.

### Un capitaine et cinquante hommes
### dans une plaine.

O R D R E.

Pl. II. Un officier major conduira un capitaine,
un lieutenant et cinquante hommes dans la plaine E,
à quatre cents pas sur la gauche du village de Berne.
Cette garde se partagera, pour occuper l'espace qui
est entre le village et la cense du bois. Elle éclairera,
pendant la nuit sur-tout, les mouvements qui pourroient se faire dans cette partie.

Le commandant est prévenu que des volontaires
ennemis occupent le village de *** vis-à-vis de son
poste : s'il apperçoit quelque objet d'inquiétude, il
en informera les piquets du camp.

Si les ennemis arrivent en force, il se repliera à
quatre cents pas en arriere, sur les piquets, qui, au
premier avis, doivent marcher à son secours et protéger sa retraite.

D I S P O S I T I O N.

Le capitaine fait sa reconnoissance, place son lieutenant et vingt hommes à sa droite, un sergent et dix
hommes à sa gauche.

Les sentinelles forment une chaîne vingt pas en

avant entre le village et la cense. Ce poste est couvert de jour par une garde de cavalerie. A la retraite,
elle est remplacée par des volontaires, qui, pendant
la nuit, doivent croiser sur l'étendue du camp.

### REMARQUE.

Le peu de sûreté de ce poste donne lieu aux observations suivantes. On en informe le major général.

Le capitaine commandant cinquante hommes entre le village de Berne et la cense du bois, distants
l'un de l'autre de cinq cents toises, croit devoir faire
observer que sa troupe est distribuée en trois pelotons, pour garder cet espace; qu'éloignés de l'eau et
du bois, les soldats non employés suffisent à peine
pour en pourvoir sa garde.

Des volontaires ennemis occupent le village de***
à trois quarts de lieue en avant. Ils ont des vedettes à
un quart de lieue en deçà, et leurs patrouilles viennent plus près.

La plaine n'oppose aucun obstacle qui empêche
l'ennemi de se jeter sur son poste, ainsi que sur les
piquets du camp.

Il paroît nécessaire de former un point d'appui où
cette garde puisse faire tête à l'ennemi, et l'arrêter
assez pour que les piquets avertis se mettent en défense.

D

DE LA DÉFENSE

A ces observations on joint l'esquisse du terrein avec le devis et la position, où l'on projette d'établir deux petites redoutes capables de contenir chacune au moins cinquante hommes. Entre la position de ces redoutes, il se trouve un ressaut ou talut, bordé de quelques buissons. Ce ressaut a cinq pieds de haut du côté de Berne, environ quatre du côté de la cense du bois : sa pente est couverte d'un gazon qui déborde environ trois pieds sur la crête, et il a cent trente toises de longueur. Il sort de la cense une petite source qui, avançant un peu sur le front du terrein, rend un pré assez marécageux pour obliger l'ennemi de passer sous le feu de la redoute G, ou de l'attaquer.

Il ne pourroit de même passer entre une garde B du village, et la redoute E, qu'en essuyant le feu des deux postes.

### PROJET DE CONSTRUCTION DES REDOUTES.

Ces deux redoutes doivent être fermées, l'ennemi pouvant les tourner. Le côté intérieur du parapet de la redoute E sera de six toises (1). Le terre-plein

---

(1) Si le côté intérieur n'avoit que cinq toises, il seroit encore plus que suffisant pour contenir 50 hommes : mais, comme ils peuvent être renforcés pendant la nuit par les piquets du camp, on donne six toises à ce côté.

La redoute G n'a que deux faces; elles sont plus longues, et sa gorge est fermée de fortes palissades.

de la banquette aura cinq pieds, et son talut en aura deux et demi : cette banquette sera élevée de deux pieds et demi, et le parapet de quatre et demi au-dessus de la banquette (1) : l'épaisseur du parapet de trois pieds, et le talut extérieur de cinq : le haut du fossé aura dix pieds de large, le bas en aura six, et autant de profondeur : il y aura un pied de relais depuis le talut du parapet jusqu'au fossé.

Les terres à remuer sont vierges. Il peut y avoir pour chaque redoute environ cinquante toises d'excavation, que cinquante hommes peuvent enlever en six heures (2). Pour soutenir les terres du parapet, on coupera des gazons sur le talut qui barre la plaine : les palissades seront faites dans le bois, derriere la cense : on y trouvera aussi de menues branches qui retiendront les terres de la banquette. Quoique j'aie dit ci-dessus qu'on donneroit deux pieds et demi au talut de la banquette, je préférerois le clayonnage;

---

(1) On donne ici quatre pieds et demi de hauteur au côté intérieur du parapet : elle convient en général à la taille des grenadiers, que l'on suppose être au moins de cinq pieds quatre pouces : ils peuvent commodément ajuster leur coup à cette élévation.

(2) M. de Vauban donne pour regle générale, qu'un homme peut enlever en cinq heures une toise cube de terre vierge, jettée de la premiere main. Ici l'on ne peut suivre cette regle. Les soldats, ayant fait une marche pour arriver au camp, sont fatigués : d'ailleurs ils n'ont pas tous également l'usage du remuement des terres, et leurs outils sont moins forts que ceux de l'artillerie.

il laisse plus d'espace pour le terre-plein de ces petits ouvrages.

Quant au fossé qu'on peut faire le long du ressaut ou talut, on le creusera de maniere que sa profondeur soit de six pieds dans toute l'étendue : en
jettant les terres sur la crête, on augmentera sa hauteur. C'est environ quarante toises cubes de terre à
enlever : quarante hommes ne feront ce travail qu'en
dix heures, à cause de l'élévation et du régalement
des terres : trente hommes suffiront pour couper les
bois.

On trace d'avance tous ces ouvrages : s'ils sont ju-
gés nécessaires, les travailleurs n'auront qu'à les exécuter.

Ces travaux agréés donnent lieu à l'ordre suivant.

## ORDRE ENVOYÉ AU CAMP
### POUR LES TRAVAILLEURS.

Cinquante travailleurs de la brigade n° 1 se rendront aussitôt à la grand'garde, en avant de la brigade
n° 7. Ils seront pourvus de haches et de serpes, et
prendront les ordres du commandant de ce poste. Ils
y seront conduits par l'ordonnance.

Cinquante travailleurs de chacune des brigades
n°. 2 et 3, conduits par un officier major, se ren-

dront au parc d'artillerie, et prendront, par brigade, huit louchets, vingt pelles et quinze pioches, dont l'officier donnera reçu. Ils seront rendus à deux heures à la grand'garde en avant de la brigade n°. 7 ; ils y recevront les ordres du commandant de ce poste.

A quatre heures, cent cinquante travailleurs des mêmes brigades releveront les premiers, prendront les outils en compte, les rapporteront au parc après le travail fini, et en retireront le reçu qui en aura été donné.

### EXÉCUTION DES TRAVAUX.

En recevant l'avis que le major-général envoie de cet ordre, le commandant du poste détache un caporal et quatre hommes, pour couper des piquets destinés à profiler le parapet de sa redoute.

Le lieutenant suit le même procédé (1).

Les cinquante travailleurs de la brigade n°. 7 sont envoyés au bois pour couper vingt-quatre palissades de huit à dix pieds (2) ; elles serviront à garnir les angles des redoutes. Ils feront en sus trente-deux

---

(1) On a vu au cours de pratique la maniere de tracer et de profiler les retranchements en terres.

(2) On choisit dans les bois les arbres qui se fendent le mieux. On coupe les palissades suivant la grosseur et la longueur relatives : on les affile par les extrémités, leur donnant communément cinq pouces d'équarrissage ; on les durcit au feu.

Deux hommes peuvent faire douze palissades par heure.

claies (1), de cinq pieds de long sur deux pieds de haut, pour retenir les terres de la banquette des deux redoutes, et couperont quelques fagots de menues branches et de piquets pour le besoin.

Cent autres travailleurs vont aux redoutes, soit pour faire l'excavation du fossé, soit pour battre et fouler les terres du parapet, couper des gazons et les transporter. Les officiers et sergents ont l'œil sur eux et les guident, en faisant suivre les profils. Les caporaux ou soldats intelligents s'occupent des banquettes et du gazonnage.

On commence par enfoncer des piquets aux angles des redoutes, on plante des claies pour soutenir les terres de la banquette. Lorsqu'elle est élevée à sa hauteur, on laisse cinq pieds pour le terre-plein : ensuite on pose le premier rang de gazon, qui détermine le côté intérieur. On élève le parapet, et on plante les palissades aux angles, toujours en foulant les terres, et en suivant le profil de ces ouvrages : on laisse à ces redoutes une ouverture de trois pieds.

---

(1) Pour faire des claies, on coupe des piquets égaux : on les plante en ligne droite et à petite distance : on les entrelace avec des branchages pliants, qu'on serre en frappant dessus : on ébarbe ensuite les menues branches ; et lorsque la claie est perfectionnée, plusieurs soldats l'ébranlent dans toute son étendue, afin que tous les piquets soient arrachés à la fois.

Lorsqu'on ne trouve pas de bois pliant, on fait le clayonnage sur le lieu, en enfonçant fortement les piquets où ils doivent rester,

A quatre heures, d'autres travailleurs relevent les premiers, reçoivent en compte les outils de l'artillerie, et se distribuent sur les travaux. Ceux qui ne peuvent être employés aux redoutes vont couper du bois de chauffage, dont le commandant fait faire un dépôt entre les deux redoutes. Ces deux redoutes achevées, on en fait le rapport au major-général, ce qui donne lieu à de nouveaux ordres.

### ORDRE POUR LA DISPOSITION DE DÉFENSE AUX REDOUTES.

Deux capitaines, deux lieutenants, et cent vingt hommes détachés des brigades n°. 1 et 2, se porteront, une heure après la retraite, entre les deux redoutes qui sont en avant de la brigade n°. 7. Ils se partageront en trois pelotons, avec la garde qu'ils y trouveront : un capitaine, un lieutenant et cinquante hommes occuperont le centre F : un capitaine, un lieutenant et soixante hommes se porteront à la redoute G : un capitaine, un lieutenant et soixante hommes à la redoute E.

On entretiendra des patrouilles en avant pendant toute la nuit. Elles se succéderont les unes aux autres, de sorte qu'il y en ait toujours plusieurs dehors. Si l'ennemi paroît, elles avertiront sur-le-champ, et rentreront à leurs postes, en faisant tout de suite avertir les piquets placés à deux cents pas en arriere.

Chaque commandant se mettra en état de défense dans sa redoute. Le poste F se partagera en deux pelotons ; l'un de trente hommes aux ordres du capitaine, et l'autre de vingt aux ordres du lieutenant. Dès que les piquets du camp seront arrivés, ces deux pelotons leur céderont la place. Le capitaine ira renforcer le poste d'un lieutenant et vingt hommes en B, au coin du village, et en prendra le commandement.

Le lieutenant ira renforcer le poste de la cense du bois aux ordres du capitaine qui y commande trente hommes. Dans cette position, ils arrêteront l'ennemi le plus de temps possible (1).

Dans le cas où l'ennemi arriveroit de jour, et trop en force pour pouvoir l'arrêter, ils feront leur retraite sur les piquets du camp, qui ont ordre de se porter en avant pour les soutenir (2).

Ces postes sont supposés avoir passé la nuit dans cette position. Les troupes légeres et les patrouilles

---

(1) Les gardes retranchées dans des endroits de passage où elles peuvent arrêter l'ennemi, doivent s'y défendre jusqu'à la derniere extrémité, dussent-elles y être prises : un quart-d'heure de défense de plus, dans une surprise, décide du salut d'une armée, sur-tout la nuit : en plein jour, il est rare qu'une grand'garde ne soit pas secourue.

(2) Lorsque les piquets marchent en avant du camp, au secours d'un poste attaqué, l'officier du jour s'y porte, afin d'en diriger les mouvements.

font, le matin, leur reconnoissance; la garde de cavalerie pose ses vedettes, et les détachements retour-
nent au camp.

L'ancienne garde relevée, le capitaine de la nouvelle reçoit cent travailleurs pour perfectionner les
ouvrages. Il fait élargir et creuser les fossés des redoutes, jetter les terres en dehors en forme de glacis..
Il place une partie des travailleurs le long du ressaut
ou talut, pour y creuser un fossé et en augmenter l'escarpement, suivant les dimensions du projet (1).

## IV<sup>e</sup>. E X E M P L E.

Un capitaine, deux lieutenants et cent hommes
à un gué.

### O R D R E.

Un capitaine, deux lieutenants et cent hommes
se porteront sur le chemin à l'extrémité du village de
Saint-Brice, pour y garder le bac et le gué. Il fera remplir le gué de tout ce qu'il pourra pour le rendre impraticable, à l'exception d'un intervalle de deux à
trois toises qu'il fera embarrasser de matériaux qu'on

---

(1) On pourroit augmenter l'épaisseur du parapet en diminuant le terre-
plein de la banquette; les terres bien
battues le rendroient plus solide, et les
redoutes seroient encore assez grandes pour contenir au moins soixante
hommes sur deux rangs.

E.

puisse retirer aisément. Il fera, de chaque côté du bac, attacher une corde plus longue que la largeur de la riviere, pour tirer le bac et faire passer plus prompte-ment les troupes au besoin.

Si le maître du bac ne peut lui fournir des cordes, ou qu'il ne puisse en trouver dans le village, il enverra au parc d'artillerie un caporal et deux fusiliers munis d'un reçu.

Il fera construire quelques épaulements, pour met-tre sa troupe à couvert et battre le passage.

### EXÉCUTION.

Le capitaine, après avoir fait sonder le gué et re-connoître dans les environs les matériaux propres à le barrer, fait faire vis-à-vis un épaulement A (1) de quinze à vingt toises de long sur deux toises d'épais-seur; il fait creuser le milieu de la riviere de quelques pieds, et le remplit d'arbres ébranchés et liés ensem-ble en forme d'abattis, excepté l'intervalle ordonné.

(1) Pour construire l'épaulement A, on fait enfoncer de forts piquets que l'on garnit de planches et de quelques fagots; ils retiennent les sa-bles et cailloutages dont on se sert pour épaulement. On pourroit enco-re, si l'on avoit le temps, creuser un fossé vis-à-vis le gué, et y faire entrer l'eau de la riviere. Le fond de ce fossé se garniroit de herses, dont on affi-leroit bien les dents. Quand même l'ennemi supposeroit cette ruse, il perdroit du temps à les couvrir. On ne place les herses que dans les fos-sés baignés de deux ou trois pieds d'eau.

Un des lieutenants fait transporter des herses et des chariots, pris au village. Les herses rendent le gué impraticable à la cavalerie, et exigent de l'infanterie quelques précautions. Les chariots joints fortement ensemble, garnis d'arbres ébranchés en partie et affilés, ferment l'intervalle que l'on se réserve d'ouvrir aisément.

Pour mettre les soldats à couvert, l'autre lieutenant fait exécuter deux tranchées B dans les terres qui sont au bord de la riviere.

Les terres de ces tranchées sont jettées en talut : elles forment un parapet dont la plongée est alignée au bord de l'eau.

Par ce moyen on peut faire un feu rasant, très vif, sur toute la surface du gué. Comme ces terres sont élevées, et que les tranchées sont creusées à quelques toises de la riviere, le soldat y est à couvert du canon même de l'ennemi. Les terres du fond sont en pente du côté du chemin, afin que l'eau n'y séjourne pas ; et les sorties de ces tranchées sont dans le chemin du village.

Pendant le jour, le bac est de l'autre côté de la riviere. Il est gardé par un caporal et quatre fusiliers qui fournissent une sentinelle C, afin d'avertir lorsque quelqu'un se présente pour passer.

Si l'ennemi paroît, il leur est ordonné de se retirer et d'attacher le bac sous le feu des retranchements.

Malgré le secours des paysans, le capitaine n'a pu achever ces travaux dans la journée: le lendemain la nouvelle garde creuse un fossé devant le retranchement, et y fait entrer l'eau; elle garnit d'abattis les passages à droite et à gauche de l'épaulement; elle élargit les deux tranchées, et bat les terres jettées en dehors, pour leur donner plus de solidité.

En cet état, le poste peut faire une vigoureuse défense, et donner le temps à des troupes même éloignées d'arriver à son secours.

## V<sup>e</sup>. E X E M P L E.

### Un lieutenant et trente hommes postés à un gué.

#### O R D R E.

Pl. III. Un lieutenant et trente hommes se porteront au gué des sapins; ce gué est rompu, on y a fait une tranchée bordée de quelques arbres et lardée de palissades.

Le commandant de ce détachement augmentera, s'il se peut, les difficultés du passage pour empêcher les ennemis de le rétablir.

S'ils arrivoient avec du canon, il porteroit sa troupe dans le bois, sur la hauteur; en donneroit avis au camp, et demanderoit secours aux postes voisins. Si les ennemis parvenoient à passer la riviere en force, il se retireroit en bon ordre sur l'armée.

### EXÉCUTION.

Le commandant de ce poste, se trouvant sur un terrain découvert, fait construire deux épaulements en forme de redan D, pour garantir sa troupe. L'intervalle de ces épaulements est garni d'un abattis. Si le général juge à propos de rétablir le passage, les retranchements serviront à le défendre.

## VI<sup>e</sup>. EXEMPLE.

### Un capitaine et cinquante hommes à la tête d'un pont.

#### ORDRE.

Un capitaine avec cinquante hommes relevera les volontaires à la tête du pont de fascines E. Il s'y retranchera pour garder ce passage aux troupes légeres. Si elles sont repoussées, et que l'on soit attaqué par des forces supérieures, on repassera le pont et on y mettra le feu. Les buissons qui bordent la riviere seront un nouveau retranchement d'où l'on pourra fusiller les ennemis.

S'il se glisse un parti qui veuille détruire le pont

pour couper la retraite à nos troupes légeres, on ne lui
cédera le poste qu'après la plus vigoureuse défense,
et l'on fera son possible en-deçà de la riviere pour
l'empêcher de rompre ou de brûler ce pont.

#### EXÉCUTION.

Le capitaine trouve à son poste un petit épaulement E avec un fossé peu profond : il le fait élargir et
creuser assez pour que l'eau de la riviere puisse y entrer. Il fait élever le parapet, construire deux banquettes, et garnir d'abattis le bord du fossé. Il a soin
de cacher quelques hommes derriere les buissons
pour croiser leur feu sur la tête du poste.

On rend ces buissons plus épais avec des fascines.

## VIIᵉ. EXEMPLE.

Un capitaine et 5o hommes sur une hauteur,
à un moulin à vent.

#### ORDRE.

Pʟ. III. Un capitaine et cinquante hommes releveront les volontaires au moulin de Saint-Leu. Ce
poste, avantageux par sa situation, est susceptible
d'une bonne défense avec peu de travail.

Le lieutenant sera détaché, pendant le jour, avec
vingt hommes au point H, à la croisée des chemins,

La nuit, il sera remplacé par un sergent et quelques
hommes de confiance qui se tiendront en embuscade
sur les passages. Comme le terrain est fort coupé entre la riviere et le poste, il sera facile à garder.

A l'approche des ennemis, pour en marquer l'espece et la force, le capitaine fera distinctement les signaux convenus aux troupes cantonnées près de lui.

Il enverra demander au parc d'artillerie les matieres artificielles destinées à cet usage.

Indépendamment de la voie des signaux, il fera
parvenir ses principaux avis au général par le dragon
d'ordonnance à son poste.

### E X É C U T I O N.

Le commandant rend son poste à-peu-près inaccessible en couvrant d'abattis les deux chemins E, et
en les faisant dominer chacun par un épaulement. Il
fait couper les taillis et les arbustes, pour empêcher
l'ennemi de gravir contre les rochers.

Il place quelques hommes dans la maison, pour
en défendre l'approche, et pour faciliter l'entrée du
petit pont G aux troupes qui peuvent arriver à son
secours.

Le lieutenant, détaché pendant le jour au point H,
place ses sentinelles entre la riviere et le ruisseau,
fait embarrasser tous les passages de l'ennemi : mais

il laisse le grand chemin libre au commerce du pays, et aux volontaires qui vont à la découverte.

La nuit, le sergent et les soldats embusqués gardent ce chemin. Ils ont un amas de fagots I couverts de paille et enduits de matieres combustibles, pour éclairer la campagne à la moindre inquiétude, et pour voir la force de l'ennemi. Il ne manquera pas d'envoyer éteindre le feu; mais les soldats cachés derriere des buissons épais feront vivement quelques décharges pour en imposer sur leur nombre et éloigner les travailleurs.

## VIIIᵉ. EXEMPLE.

Un capitaine, deux lieutenants et cent hommes en détachement, sur une hauteur, dans un château.

### ORDRE.

Pl. III. Un capitaine, deux lieutenants et cent hommes seront détachés pour quinze jours au château de Lan. Ce poste doit être gardé pendant toute la campagne. Il sera pourvu de vivres par les convois qui passeront sur le pont de Veinne.

Le commandant aura soin que sa troupe ait toujours des vivres pour cinq jours au moins, que chaque soldat ait cent coups à tirer et tous les outils nécessaires pour se retrancher.

Les communautés des villages voisins ont ordre de lui fournir le bois, l'eau, le fourrage et les chariots nécessaires.

Les officiers de ce détachement n'emmeneront avec eux que leurs chevaux de cantine, et laisseront leurs équipages au camp. Ils se retrancheront pour se mettre à l'abri d'un coup de main. On craint que des partis ennemis ne se glissent pour piller les convois qui viennent à l'armée par le pont de Veinne (1).

Le commandant de ce poste fera secourir les convois sans se trop dégarnir et sans s'éloigner.

Les malades seront envoyés à l'hôpital. Dès qu'il y en aura quatre, on les fera remplacer par le régiment auquel ils appartiennent.

### DISPOSITION.

Le commandant commence par reconnoître les environs de son poste : il se fait accompagner par ses deux lieutenants. Ensuite il distribue les logements à sa troupe. Il se place avec ses lieutenants dans le pavillon N, dont la vue domine sur les deux terrasses.

---

(1) Lorsque des ponts de communication se trouvent isolés, ils sont ordinairement gardés par un détachement qui s'y retranche : l'ennemi pourroit envoyer des volontaires avec quelques mineurs pour les faire sauter ; il faut avoir des matériaux propres à les rétablir en cas d'événement.

F

Un sergent, deux caporaux, vingt hommes et un tambour montent la garde tous les matins.

Un sergent, douze hommes et un caporal de garde sont placés sur la terrasse de la tour M. Un caporal et huit hommes suffisent, pendant le jour, sur la terrasse O du jardin, le pavillon P étant occupé par un sergent et trente hommes qui y sont logés.

La nuit, ces deux gardes sont augmentées; la premiere, de huit hommes et d'un caporal; la seconde, d'un sergent et de quatre hommes. Les deux lieutenants passent une partie de la nuit de jour à autre, et, ainsi que les sergents, visitent souvent les sentinelles.

Comme les dehors du château sont découverts, on peut y voir de jour, sans qu'il soit nécessaire de faire des patrouilles aux environs. Pour s'assurer si quelque troupe ne se seroit pas mise en embuscade, l'officier de garde fait sortir le matin, par le chemin du pont, un caporal et quatre hommes qui visitent le revers du rideau, et rentrent ensuite au poste.

Ce château est situé sur une terrasse escarpée. On ne peut y arriver que par deux chemins creux taillés dans le roc; le commandant les fait barrer tous les deux. Le premier conduit à la tour M, il est embarrassé d'arbres entrelacés et défendus par un épaulement R fait de pierrailles et garni de palissades au dedans et au dehors. On construit sur le second chemin qui mene au pont, un épaulement Q; on laisse à côté un passage pour un homme à cheval.

Ce retranchement est sous le feu du pavillon P et des murs de la terrasse.

La plate-forme de la tour M est sur des rochers: il s'y trouve un intervalle de terres en pente douce, planté de quelques arbres; on fait couper les terres S à pic de dix pieds de haut, et former au bas un abattis.

Le haut du pic est défendu d'un parapet fraisé. Le mur T de l'entrée de la cour est crénelé à deux rangs, et muni d'une banquette.

On prépare du fumier pour garnir le derriere·de la porte, dont la moitié doit toujours être fermée. Ces précautions servent au cas que l'ennemi s'empare de la plate-forme.

On entre dans le jardin par la petite porte du pavillon. Cette porte est au bas d'une galerie couverte qui communique du château au premier étage du pavillon P: c'est dans cette galerie, au rez de chaussée, qu'on place une des gardes, et l'autre est à couvert en bas de la tour M. Celle-ci a deux sentinelles; l'une au haut de la tour, et l'autre dans la cour du château. Le soir elles en ajoutent une à chacun des retranchements R et S. Le poste de la galerie pose une sentinelle sur la tour O, et une au retranchement Q:

cette derniere est fournie alternativement par les deux postes.

L'on pose encore la nuit une sentinelle à l'angle de la terrasse vis-à-vis du pavillon.

S'il paroît quelque corps ennemi, la sentinelle de la tour M doit mettre le feu à des fagots goudronnés, disposés à cet effet, pour avertir les convois qui seroient en marche. Ce feu au sommet de la tour empêcheroit l'ennemi d'y placer des fusiliers, après s'être emparé de la terrasse. Autrement leur mousqueterie incommoderoit les troupes qui se défendroient dans la cour du château (1).

Il y a aussi un fagotage sur la tour O à l'extrémité de la terrasse du jardin, pour avertir les troupes cantonnées à Veinne de l'autre côté de la riviere. Ces troupes ont ordre d'envoyer reconnoître sur-le-champ.

### REMARQUE.

Un officier commandant un poste qui doit être

(1) On pourroit placer la garde de la tour à l'entrée du château : comblant le bas de la tour, l'on en maçonneroit l'entrée; en cas d'attaque, on mettroit au haut de cette tour autant d'hommes que le sommet en peut contenir; ils y monteroient par une échelle.

On prendroit les meilleurs tireurs, qui dirigeroient leurs coups à travers quelques créneaux sur les endroits les plus exposés; l'ennemi ne pourroit s'établir sur la plate-forme pour faire l'attaque du château sans être fort incommodé par leur feu.

occupé quelques mois ne songe pas seulement à se garantir d'un coup de main; il examine les moyens de défense dont le local est susceptible, et les ressources que peuvent fournir les environs.

Dans cet exemple on imagine le poste assez près d'une ville qui sert d'entrepôt à une armée, et que sa destination est de protéger l'escorte des convois.

L'on trouve quelquefois dans les arsenaux du pays, de petis canons aisés à manœuvrer, ou des fusils de rempart, dont la portée est plus longue que celle des fusils ordinaires; on s'en serviroit utilement sur les terrasses : cette artillerie empêcheroit l'ennemi de passer sur le pont ; et les convois menacés se range- roient sous le feu du château.

Un poste muni de canon est plus respectable.

L'ennemi n'attaque pas ordinairement un châ- teau derriere une armée, lorsqu'il peut faire quelque résistance, par la crainte d'exposer un corps à être pris, au premier avis que le général recevroit de sa marche.

# I Xᵉ. EXEMPLE.

Un capitaine, deux lieutenants et cent hommes
dans un cimetiere.

## ORDRE.

Pl. IV. Un capitaine, deux lieutenants et cent
hommes couvriront le village de Nivelle, depuis le
château d'Hille jusqu'au cimetiere : ce poste, retranché, peut faire une bonne défense en faisant abattre
tout ce qui le commande de trop près.

Le capitaine s'établira dans le cimetiere, et détachera de petites gardes le long du chemin qui
borde les maisons : il leur assurera une retraite sur
son poste, en cas d'attaque par un ennemi supérieur.

Toute sa troupe rassemblée au cimetiere, il s'y
défendra le plus long-temps possible.

Il fera découvrir les jardins pour que l'ennemi ne
passe pas entre le château et le cimetiere sans essuyer
le feu des deux postes.

Les petites gardes doivent être disposées de maniere à défendre l'entrée du village, à couvrir les
équipages des officiers généraux, et à leur donner
le temps de se retirer.

En cas d'attaque, il enverra le housard d'ordon-

nance avertir les piquets du camp d'accourir à son
secours.

Les petites gardes des officiers supérieurs logés
dans le centre du village doivent se retirer en faisant
l'arriere-garde de leurs équipages.

### DISPOSITION.

Le commandant, ayant reconnu le cimetiere G et
ses environs, fait abattre le haut des deux maisons H
et celui d'une grange voisine qui le domine (1). Il fait
démolir aussi les murs des jardins, couper les haies
et les arbres derriere les maisons du village, pour
découvrir le terrein qui est entre son poste et le château.

Les arbres et les branchages des haies servent à
embarrasser le petit chemin creux M entre les jardins.

Un lieutenant et vingt hommes sont placés dans
la ferme d'Ori : le jardin en paroît susceptible de défense avec peu de travail ; il est élevé au-dessus des
autres. On fait élargir le fossé qui l'entoure en partie,
créneler les murs par le pied (profil 10) ; on leur

---

(1) Lorsqu'un cimetiere est trop
grand, on s'appuie contre l'église, et
on se retranche comme on peut voir
dans cet exemple.

Quelques banquettes faites dans
l'église , vis-à-vis des fenêtres, servent à placer des soldats qui flanquent
les parapets.

laisse toute leur hauteur, elle couvre les soldats du feu de revers des postes B et G.

On détache le premier lieutenant et vingt hommes dans la maison L. Il obligera les habitants de fermer les maisons qui bordent le chemin, de barricader les portes et les fenêtres du rez de chaussée, et leur défend d'avoir aucune sortie de ce côté.

Il envoie un sergent et dix hommes à cent pas en avant sur sa droite; un caporal et quatre hommes à cinquante pas en avant sur le chemin de Rixville.

Le capitaine détache un sergent et dix hommes O, qu'il place derriere les abattis. Il fait faire un dépôt I B de fagots secs, de paille et d'autres choses faciles à s'enflammer. En cas d'inquiétude, on y met le feu pour éclairer le terrein (1).

Si l'ennemi arrive de jour avec des forces supérieures, tous les petits postes se retirent dans le cimetiere.

L'attaque se fait-elle de nuit? le premier lieutenant L s'y retire aussi, et envoie son sergent avec dix hommes pour renforcer le second lieutenant : celui-

---

(1) Si la position est assez importante pour y faire une défense soutenue, il est bon d'avoir plusieurs dépôts de matieres inflammables. On les place en plaine, dans quelques granges ou baraques. La position la plus avantageuse de ces matieres est sur les flancs ou fort en avant; on n'est pas ébloui de la flamme.

ci tient le plus qu'il peut dans la petite ferme d'Ori :
ces postes ainsi disposés croisent leurs feux sur tout ce
qui veut pénétrer dans le village.

## Xᵉ. EXEMPLE.

Un capitaine et cinquante hommes
dans une maison de plaisance.

### ORDRE.

PL. IV. Un capitaine et cinquante hommes se
porteront au château d'Hille. Le commandant ne
souffrira pas qu'il se fasse du dégât dans le château
ni dans les jardins qui en dépendent (1). Il en défendra l'entrée même aux troupes légeres et aux four-
rageurs de l'armée qui ne seroient pas munis d'un
ordre du général. Il placera une partie de sa troupe
le long du fossé, pour faire un feu croisé sur les jardins, et protéger la ferme d'Ori. Si les ennemis arrivent avec du canon, il se retirera au camp par le plus
court chemin.

---

(1) Lorsqu'un seigneur ou un particulier demande au général quelque
sauve-garde pour la sûreté de ses
biens, meubles, &c. il convient de ce
qu'il doit fournir, soit en argent,
soit en vivres, et les soldats ne peuvent rien exiger de plus que l'ordre
ne prescrit : si le poste est utile, on
y envoie, quoiqu'il s'y trouve des
sauve-gardes, une troupe qui s'y retranche.

G

### DISPOSITION.

Le capitaine juge qu'entouré d'un fossé large et profond, il peut se défendre aisément contre des troupes légeres. Le mur intérieur du fossé peut servir de parapet, mais il est trop bas pour couvrir les soldats. On creuse en dedans et en face du village quelques petites tranchées de distance à autre B, pour y placer une partie de la garde, si le village est insulté. L'autre partie est répandue dans le château.

La premiere précaution est d'en faire lever les ponts.

## XI.ᵉ EXEMPLE.

### Un capitaine et cinquante hommes pour garder un pont.

### ORDRE.

Pʟ. IV. Un capitaine et cinquante hommes releveront un lieutenant et vingt volontaires au pont de pierre, sur le chemin de Ruffe.

Ils se tiendront sur les hauteurs en-deçà du pont, de maniere à le défendre par un feu croisé. Ils l'embarrasseront par des abattis, et y laisseront cependant un passage pour les troupes légeres qui seront envoyées à la découverte.

Le commandant établira une petite garde sur sa droite, pour communiquer au poste voisin.

S'il est attaqué de nuit, il fera mettre le feu aux matériaux ou abattis assemblés pour cet effet sur le pont (1). De jour il le défendra par tous les moyens possibles, afin que le détachement posté sur les derrieres ait le temps de venir à son secours. Il aura un cavalier d'ordonnance prêt à monter à cheval, et ne fera avertir ce détachement que lorsqu'il verra l'ennemi assez nombreux pour forcer le passage.

## DISPOSITION.

Le commandant observe que les hauteurs qui bordent la riviere au-delà du pont, dominent un peu celles où il est : il peut être attaqué avec du canon : sa troupe n'est pas assez nombreuse pour construire un parapet qui puisse résister à une batterie : la riviere étant trop encaissée, et le pont trop élevé pour être flanqué des côtés, on fait embarrasser le pont avec des abattis garnis de fascines, de paille et de bois sec, pour allumer un grand feu, et retarder l'ennemi.

On creuse une tranchée F à la rive du bois ; le terrein s'y trouve propre à cet effet. ( Voyez profil 4. )

---

(1) Si le passage est important pour les ennemis, on peut miner le pont, et on le fait sauter au moment où ils vont s'en emparer.

On sort de cette tranchée par deux issues, dont une
sert à l'écoulement des eaux (1) : on jette les terres
en forme de glacis du côté de la riviere. Comme elle
fait plusieurs coudes, et que le terrein de l'autre bord
est plus élevé, on met plus de terres sur la gauche,
pour empêcher que les soldats ne soient enfilés dans
la tranchée. Le lieutenant et quinze hommes occupent ce poste.

Celui de la droite est également creusé dans les
terres en forme de redan E, avec un petit épaulement
sur le flanc droit, pour garantir du feu de revers.
(Voyez profil 5.)

On pratique dans ces retranchements deux banquettes, et quelquefois plus, afin d'élever assez les

---

(1) Lorsqu'on creuse dans les terres pour se retrancher, il faut avoir
l'attention de ménager un passage
pour l'écoulement des eaux. Si l'issue
de la tranchée répond à un terrein plus
bas, comme dans cette position F,
le fond et la banquette seront en
pente douce de ce côté.

Dans la redoute E, (son terre-plein
est creusé en forme de bassin, et l'é-
coulement ne peut avoir lieu du côté
intérieur ;) on commence par creuser
vers la riviere une petite rigole qui
répond au centre du redan. Avant
l'excavation, on a prévu la profon-

deur de cette rigole ; on la couvre de
pierres plates, ou de menues branches. Si le travail devenoit trop considérable, on se contenteroit de faire
un trou qui pût contenir les eaux de
pluie, et on le couvriroit d'une claie
ou de quelques branchages. Il faudroit
le vuider de temps à autre, si l'eau ne
se perdoit point dans les terres.

C'est ainsi que pour éviter l'in-
commodité de ces eaux, on fait des
puisards dans les places d'armes, batteries, ou tranchées, devant une place
assiégée.

soldats pour qu'ils puissent faire un feu rasant sur le pont.

La queue du pont D est occupée par un sergent et huit hommes, qui en cas d'attaque et après y avoir mis le feu, vont renforcer le lieutenant.

Un caporal et quatre hommes sont envoyés à cent pas sur la droite, pour établir la chaîne avec les postes qui gardent la riviere.

### REMARQUE.

Cette maniere de se retrancher est bonne et ex-péditive. On s'en sert sur des hauteurs dont l'escarpement empêche l'ennemi d'approcher sur les bords des rivieres qu'il voudroit passer, et dans toutes les positions dont les dehors sont à-peu-près inaccessibles.

Lorsqu'on est assez enfoncé dans les terres, le canon ne peut rien que sur la crête du retranchement, dans lequel on est toujours à couvert.

Il est bon que le soldat sache qu'il y est en sûreté.

Tout poste important doit être assez grand pour contenir le secours qui peut y arriver.

## X I I$^e$.  E X E M P L E.

Etablir des ponts sur un ruisseau, sur une petite
et une grande riviere, pour le passage d'un
détachement ou d'une armée.

### DISPOSITIONS GÉNÉRALES.

PL. V. Un officier envoyé pour établir un pont sur
une riviere en reconnoît le cours dans l'étendue qui
lui a été prescrite. S'il trouve un coude rentrant de
son côté, il doit le préférer. Les faces de la redoute
qui couvrira ce pont seront aisément flanquées par
de petits épaulements à droite et à gauche.

La regle générale est d'éviter, pour la fortification, toute position commandée.

Sur les petites rivieres ou sur les gros ruisseaux,
on fait des ponts avec des chevalets. Dessus, on place
des poutrelles qui reçoivent des madriers, ou bien
on jette des troncs d'arbres en travers, et on les couvre de claies, de fascines et de gazonnages.

Les armées ont des chariots composés qui se dé-
veloppent en cinq minutes, et sont propres à passer
les petites rivieres. Toutes ces sortes de ponts sup-
portent quelquefois de la petite artillerie, mais elle
les fatigue toujours un peu.

On les établit ordinairement, pour accélérer une marche, à côté d'un pont de pierre ou d'un gué qui servent aux gros bagages et à la cavalerie.

Si un officier prévoit être chargé de cette commission, il demande de préférence, parmi les soldats de garde, les charpentiers, serruriers, &c.

Si l'on est à portée d'un village, quelques bateaux liés ensemble et arrêtés sur la riviere, ou quelques chariots mis en travers, serviront de chevalets. On ne manque pas alors de poutres, planches, claies et autres matériaux. On a l'attention de ne pas arrêter le cours de l'eau, qui culbuteroit bientôt le pont.

C'est le corps royal d'artillerie qui, sur les rivieres considérables, est chargé de jetter les pontons ou ponts de bateaux.

Un détachement qui passe au gué ou en défilant sur un petit pont de planche, doit, pour assurer sa retraite, laisser un bas-officier avec quelques ouvriers, pour faire plusieurs ponts, ou du moins en faire un plus large et plus solide : l'eau peut croître et rendre impraticable un gué par lequel on auroit passé. D'ailleurs on peut être poursuivi d'un moment à l'autre; et une retraite se fait toujours mal en défilant.

Trouve-t-on sur un ruisseau, sur une riviere, un point flanqué par quelques maisons ou par un château? l'on y établit le pont de préférence, comme on

peut voir au moulin verd le petit pont de communication (Pʟ. 5, fig. M). Si la riviere forme un coude,
on y jette le pont R, que l'on défend avec peu de
travaux et de troupes (1).

Dans cette position le bout du pont R est vu du
passage : on a construit une traverse Q pour le couvrir.

Pour que les épaulements N qui flanquent la tête
du pont ne soient pas enfilés de revers, on leur a fait
à chacun une traverse O.

Les soldats y sont couverts même sur la banquette.

Si le terrein est étroit entre la riviere et la tête du
pont, l'on avance son angle flanqué P dans la campagne : il ne faut pas cependant que les faces se trouvent trop longues ; elles seroient mal protégées des
épaulements N.

Si on a le temps, on creuse des puits en avant ;
on forme des abattis ; on plante quelques rangs de
palissades. (Voyez profil 6.)

On peut aussi profiter d'une digue T, ou d'un
fort batardeau ; peu de travail les met en état de suppléer à un pont.

---

(1) Lorsque vis-à-vis d'un retranchement il se trouve quelques ravins ou enfoncements dans lesquels
l'ennemi peut se mettre à couvert
du feu, on les applanit ou on les remplit.

L'infanterie passe dessus la digue; et l'eau se trouvant communément basse au-dessous, la cavalerie
traverse le gué.

L'eau déborde-t-elle un peu sur la digue? on fournit un écoulement par une ou deux coupures, et
quelques planches servent de pont.

Le retranchement S, qui est sur une hauteur, est
coupé dans les terres. (Voyez profil 4.) Il couvre et
protege le passage T. Les terres prises dans l'intérieur sont jettées en glacis vers la riviere. De l'épaulement brisé V, on fusille sur la digue d'autant mieux
qu'on n'est pas vu de revers. (Voyez profil 2 ou 3.)

Lorsqu'un général veut faire passer une riviere à
son armée, il envoie d'avance une garde plus ou
moins considérable. Le détachement d'ouvriers et
d'artillerie qui suit l'avant-garde est toujours accompagné de quelques chariots d'outils propres à se retrancher.

Si une riviere est encaissée, on est obligé de construire des rampes, afin que l'artillerie et les équipages puissent descendre et monter facilement.

Lorsque le terrain sur lequel on arrive domine le
bord opposé, quelques batteries peuvent protéger le
passage.

Craint-on l'arrivée de l'ennemi, et n'est-on pas
trop commandé? on fait à la tête du pont un redan.

H

Il couvre, et donne le temps de déblayer, si l'on est obligé de se retirer.

Le redan B, devant l'un des ponts de bateaux A, est formé d'un parapet de deux toises d'épaisseur. (Voyez profil 7.)

Le fossé est rempli d'eau : quelquefois on laisse deux issues, l'une pour les troupes à pied, l'autre pour les chevaux, l'artillerie et les équipages. Si les bords de la riviere sont garnis de sables, ou de greves, comme dans cet exemple, un seul chemin suffit, il se conserve long-temps en bon état.

On envoie quelquefois établir des ponts, plusieurs jours avant l'arrivée de l'armée. L'avant-garde alors est toujours considérable ; la cavalerie se détache par pelotons pour fouiller et reconnoître le pays ; l'infanterie se retranche et couvre les ouvriers.

On suppose ici qu'une armée passe une riviere sur deux ponts A : elle peut être forcée de revenir sur ses pas ; il faut protéger sa retraite.

On prend le village de Bar et le moulin de Saint-Luc pour points d'appui. On construit un redan à flancs, E, protégé par le feu de leurs batteries D. Les intervalles sont garnis d'abattis ; on y laisse autant d'ouvertures F, qu'il est nécessaire pour que les troupes, l'artillerie et les équipages puissent se retirer en bon ordre.

Les retranchements de la droite du village sont assez élevés (profil 7) pour que l'ennemi ne puisse canonner les ponts de ce côté. Le batardeau C, au bord de la riviere, est fait pour retenir les eaux du petit ruisseau, ce qui forme une inondation, et empêche l'approche des ouvrages.

Les arbres et les haies des jardins ont servi à former un abattis (1). Ordinairement des officiers au Corps royal du Génie conduisent ces sortes de travaux; mais quelquefois, plus utiles ailleurs, ils en laissent la conduite aux officiers chargés de les garder.

Alors ceux-ci font creuser des puits en avant, planter des palissades, attacher fortement les abattis, et détruire en dehors tout ce qui pourroit favoriser l'ennemi, ou le couvrir du feu des retranchements.

Ces ouvrages de terres construits à la hâte ne sont pas toujours solides; ils peuvent s'ébouler; un orage, ou des pluies de quelques jours, peuvent les dégrader. Dans ce cas, on ne doit pas tarder un moment à les réparer.

Le retranchement G du moulin de Saint-Luc est un parapet tombant en glacis, et fraisé. L'inondation couvre la gauche de ce poste: on auroit pu le retran-

---

(1) Si dans une retraite forcée l'on ne peut faire un abattis qui embrasse une grande étendue, on se sert de chevaux de frise, de chariots pris dans le pays, ou de ceux des équipages et de l'artillerie.

cher plus solidement; mais une batterie X placée sur la hauteur, au coude de la riviere, le rendroit inutile à l'ennemi, qui ne pourroit sous ce feu attaquer le redan B.

La vanne du moulin étant fermée, la partie du ruisseau reste presque à sec. On a élevé, H, un parapet garni de palissades pour défendre cette partie.

Lorsqu'il se trouve dans des prairies marécageuses des endroits praticables, on y fait des criques L, qui se remplissent d'eau et ferment les passages.

Un officier qui garde des ponts derriere une armée (1) doit toujours être sur le qui vive, comme s'il étoit voisin de l'ennemi. Un partisan peut tomber sur lui à l'improviste, culbuter ses retranchements, mettre le feu aux abattis, au village, rompre les digues, batardeaux, &c.

Dans cette position-ci, l'officier doit diviser sa troupe en quatre parties; dans le cimetiere X du village de B  , dans la redoute E, dans le moulin de Saint-Luc, et dans la redoute B. Ce dernier poste est le plus essentiel : il doit être le rendez-vous de tout le détachement, si l'on est obligé d'abandonner les autres points.

(1) On laisse rarement subsister deux ponts sur les grandes rivieres, à moins que l'armée ne soit peu éloignée.

Dans le cas où le commandant se verroit prêt à être forcé, il couperoit une partie du pont, et se retrancheroit derriere quelques chariots pour défendre le reste. Il laisseroit dans la redoute B des soldats qui feroient bonne contenance, et qui finiroient par se retirer dans quelques bateaux.

Lorsqu'on a la précaution de construire deux épaulements à la queue du pont, ils servent à faire un feu croisé sur ce pont qu'on n'auroit pas eu le temps de rompre et de déblayer.

Malgré toutes ces précautions, un pont éloigné derriere une armée peut être rompu par l'ennemi; mais il ne peut garder long-temps ce poste : on doit avoir un dépôt de matériaux à quelque distance pour le rétablir promptement.

## XIIIᵉ. EXEMPLE.

Un commandant et trois cents hommes
pour garder un château.

Pʟ. VI. Le château de Roche, que la nature et l'art ont rendu presque inaccessible, est dans une position importante ; il protege une communication nécessaire.

Trois cents hommes doivent le défendre assez de temps pour y être secourus, ou pour donner à l'armée celui de se retirer.

On fait commander ordinairement ce nombre de troupes, dans une place, par un brigadier ou un lieutenant-colonel : un capitaine même peut se trouver chargé de cette commission.

D'après ses instructions, le commandant marque aux officiers ce qu'ils ont à faire et ordonner : il leur indique les rendez-vous en cas d'alarme, et les instruit de la défense dont chaque partie est susceptible. Il recueille les idées des personnes les plus intelligentes, et les combine avec ses moyens, ses forces et ses ordres.

Il se forme toujours un petit état-major, dont une partie est de bas-officiers.

Il ne doit excéder sa troupe, sans nécessité, ni par les travaux ni par le service.

Qu'un général, ou un officier au Corps royal du Génie ait reconnu le poste et ait pourvu à sa défense, un commandant, par des raisons que le temps amene et que découvre une attention suivie, peut trouver quelques changements utiles à faire ; il les ordonne et en rend compte : mais si la sanction du général est nécessaire, il lui adresse et lui soumet ses vues.

Les communications intérieures seront faciles et proportionnées aux objets de transports.

L'incendie, l'escalade et les surprises sont ce qu'il y a de plus à craindre.

Contre l'incendie, on examine scrupuleusement la nature des bâtiments; et en cherchant à se préserver des feux de l'ennemi, l'on prépare encore les moyens d'en arrêter le progrès.

Il faut couper et abattre tout ce qui peut devenir nuisible.

Les tours rondes ou quarrées flanquent les autres parties de la fortification d'autant plus avantageusement qu'on y fusille de plusieurs étages : si elles sont couvertes, l'assiégeant y met le feu de préférence; leurs vieilles charpentes s'embrasent aisément; le feu occupe la troupe, et consomme l'eau qu'on n'a pas abondamment sur les rochers. D'ailleurs l'incendie peut se communiquer à d'autres bâtiments que l'ennemi ne sauroit voir, et qui peuvent être utiles.

Dans ce cas on abat la couverture des tours : on garantit leurs planchers avec du fumier, et on le mouille lorsqu'il devient trop sec. On y supplée encore par des peaux de bœufs fraîchement tués, par de la terre ou des pierrailles maçonnées.

Si les tours tiennent à de grands bâtiments, on y fait de distance à autre des approvisionnements d'eau.

Il faut étayer fortement les planchers, établir de larges communications dans les greniers : un bâtiment ne s'enflamme pas si vîte qu'on ne puisse y porter se-

cours, si l'on a eu soin d'ôter les matieres combustibles, comme foin, paille, &c. Il faut du moins s'en
débarrasser promptement quand on a eu des raisons
pour les garder jusqu'au moment de l'attaque.

Les provisions de vivres, d'armes, de poudres,
&c. se déposent de préférence dans les bâtiments
voûtés, et en différents endroits; le feu n'en consume
alors qu'une partie.

Contre l'escalade, la bravoure, aidée des talents,
est invincible; elle fait payer cher à l'ennemi son entreprise : un mauvais succès peut ralentir la confiance
et l'ardeur du soldat, faire germer la division parmi
les officiers, et déranger les projets du général. Dans
la levée d'un siege, on a toujours à regretter l'argent,
les hommes, le temps et la gloire.

Avant l'invention de la poudre, on faisoit usage
de feux artificiels, de goudron et d'huiles bouillan-
tes, de solives, de madriers, et d'un nombre infini de
machines pour rebuter l'assaillant. Il ne faut pas abandonner entièrement le système des anciens : on ne
sauroit trop recommander la lecture de leurs sieges
les plus célebres, pour se meubler la mémoire de
tout ce qui peut servir à la défense. Il est aussi des
relations de sieges modernes que l'on ne peut con-
sulter trop souvent.

Un des moindres soins contre l'escalade est de

placer sur les murs, de faire entasser sur les remparts, des troncs d'arbres, des solives, et de grosses pierres attachées sur des planches ou à des perches. On les garnit de matieres inflammables (1), et le soldat les jette sur l'assaillant.

C'est au moment d'un assaut qu'un chef, avec un esprit ferme et assuré, déploie tous ses talents et fait usage de tout ce qu'il a préparé pour sa défense : il renforce promptement les points les plus exposés : s'il a pu se ménager une réserve, il porte vivement du secours aux endroits les plus en danger ; sa présence et sa fermeté rassurent et animent les soldats : c'est ainsi que, multipliant ses efforts, il se crée des ressources que les ennemis ne calculent pas aisément.

S'il est enfin obligé de céder à la force, il reçoit les hommages des vainqueurs mêmes, et procure une capitulation avantageuse, honorable à ses troupes, quelquefois à des colons (2), à des citoyens qui proclament son mérite et bénissent son nom.

Contre les surprises, il est d'une importance ma-

---

(1) Dans les petits postes on n'ose pas trop faire amas de ces matieres ; il est difficile de les garantir des feux de l'ennemi. On y supplée par une grêle de pierres et de coups de fusils.

(2) La guerre des petits postes est principalement celle des colonies. Les exemples que nous présentons peuvent s'y rapporter aisément aux positions qui s'y trouvent.

I

jeure de suivre, avec la plus scrupuleuse exactitude,
l'ordonnance sur le service des places; de bien payer
ses espions; d'entretenir, au moins dans la campagne, des surveillants qui fassent, la nuit, des signaux;
de craindre pour soi lors même qu'on peut juger d'autres postes menacés; de veiller enfin sur les points les
mieux fortifiés et les plus éloignés de l'ennemi. La
négligence est accessible de toutes parts; le malheur
et le blâme la suivent de près : elle invite à l'attaquer;
et les torts d'un commandant surpris sont tels que la
bravoure la plus signalée dont il trouve quelquefois à
donner les preuves dans ces occasions, et les plus
longs services, ne peuvent lui sauver le reproche public (1).

## X I V.<sup>e</sup>  E X E M P L E.

### Se retrancher dans un village.

Pour les villages, les retranchements plus ou moins
considérables sont déterminés par la défense que demande leur position, et par la quantité de troupes
qu'on y place.

---

(1) On verra ci-après, à l'exemple
XVI, une esquisse d'autres précautions à prendre pour garantir des surprises les postes un peu considérables.
Elle suffira pour ouvrir, sur ce point,
l'esprit des jeunes officiers. Leurs
idées, en fermentation dans la suite,
produiront des effets relatifs à chaque
position, et que le précepte ne peut
jamais se flatter de rendre.

Pʟ. II. Le front du village de Berne est gardé par un capitaine et cinquante hommes. Le lieutenant est à l'angle du verger B : les rues du village sont barrées par des traverses A, pour garantir du canon les troupes qui défendent le passage : les murs sont crénelés : les soldats occupent les maisons, et peuvent fusiller par les fenêtres.

Dans le cas où la garde sera forcée, elle gagnera le point de ralliement : le cimetiere D peut en servir ; il se trouve à la tête du camp, est plus élevé que le village, et voit une partie des rues. Ses murs offrent de la résistance ; (autrement un parapet leur en donneroit.) On peut s'y défendre assez de temps pour être secouru.

Pʟ. VII. Le village de Rouville, situé sur une élévation, est occupé par cinq cents hommes. On a fait, sur le ruisseau à côté de l'abattis, un batardeau A, et l'on a embarrassé les courants du marais par de petites traverses AA : ainsi toute cette partie est assez inondée pour n'y pas craindre de surprises.

L'entrée du village, du côté de la ville, est fermée par un épaulement B, avec un fossé.

Le château, flanqué de tours, défend un abattis qui regne depuis l'entrée du village jusqu'au batardeau. L'on a construit un parapet derriere le mur de la terrasse C. Un épaulement joint la basse-cour D

et le cimetiere E, dont on a mis les murs et tous les
points de défense en bon état. Les petits pavillons F,
sur les bords de l'escarpement, sont autant de corps
de garde. Cet escarpement est fraisé, palissadé, couvert d'abattis aux deux côtés de la mare; il est flanqué du cimetiere E. L'extrémité du village est cou-
ronnée d'un parapet BB, fraisé aussi et palissadé.

La partie qu'on n'a pu couvrir d'abattis, faute d'arbres, est bordée d'un fossé large et profond qui communique jusqu'à l'inondation.

On a profité de quelques maisons, et on les a abat-
tues jusqu'à la hauteur des parapets qu'on y a appuyés.
Les matériaux inutiles remplissent les vuides et forment une masse solide. La charpente a servi aux palissades.

On a fait une traverse R, pour barrer le chemin
de la place au cimetiere : les murs de la cour du château sont garnis d'une banquette de madriers. Le
château et le cimetiere ont une communication par
la basse-cour; de sorte que si l'ennemi s'empare du
village, toute la troupe se retirera dans ces deux endroits, pour s'y défendre encore, y attendre du secours, ou obtenir une bonne capitulation.

On a démoli les maisons G vis-à-vis du château.
Il n'est permis d'entrer dans ce village, ni d'en sortir,
que du côté de la ville, et par un chemin pratiqué

dans l'abattis, qui peut se fermer promptement au besoin.

Un village retranché de cette maniere est propre à s'y cantonner; lorsqu'il est en premier cordon, il peut arrêter assez l'ennemi pour que les quartiers aient le temps de se rassembler.

On fortifie un village, s'il fait partie de la chaîne d'un camp, s'il couvre des ponts ou des passages, et qu'il soit dans un lieu intéressant à garder.

Lorsque sur un champ de bataille on peut y appuyer les ailes, soutenir le centre ou quelque partie d'une armée, cette disposition peut changer une bataille en une affaire de poste : l'histoire nous en donne plusieurs exemples.

Un général inférieur en nombre sait en imposer à l'ennemi sur un terrein dont les points principaux sont bien retranchés. Il est essentiel qu'un officier qui y commande ait, ainsi que les subalternes, les connoissances relatives à cet objet.

On fait encore retrancher des villages, ou des censes, &c. pour assurer la retraite d'une armée vaincue, ou pour garder les équipages : souvent les houssards, pendant une bataille ou un siege, passent sur les derrieres et tentent de les piller.

Si une troupe est obligée de cantonner dans un village pendant un quartier d'hiver, un officier au corps royal du génie en trace la fortification et indique au commandant tous les travaux qu'il doit faire.

Après l'exécution, son objet est de s'y maintenir par les moyens que multipliera sa vigilance, et dont nous ne pouvons offrir ici qu'une esquisse.

Il reconnoît les chemins par où l'ennemi pourroit arriver; il y fait placer pendant la nuit des sentinelles avancées, qui, au premier mouvement de l'ennemi, se retirent pour avertir, ou font les signaux convenus. En temps de gelée il a grand soin de faire souvent casser la glace sur les inondations et dans les fossés. Les ennemis peuvent profiter d'une forte gelée pour le surprendre, en faisant une fausse attaque du côté opposé.

Il n'enverra jamais au dehors que des soldats intelligents ou quelques bas-officiers dont il sera sûr. Il ne doit pas se reposer sur les ordres qu'il donne, mais voir lui-même s'ils sont exécutés et suivis.

Il visitera souvent les postes aux heures où on le croit le plus occupé, et maintiendra par son activité sa troupe à l'abri de toute surprise.

## X Vᶜ. EXEMPLE.

Se couvrir d'une inondation, et établir des
communications dans des marais.

Lorsqu'une inondation peut être utile pour augmenter la défense ou la sûreté d'un poste, un officier
ne doit pas négliger ce qui le met souvent à l'abri des
entreprises de l'ennemi.

Il ne faut quelquefois, pour cet effet, que baisser
la vanne d'un moulin. Voyez pl. II. L'eau du ruisseau
est arrêtée au moulin de Vaux, X; elle reflue sur le
marais, remplit les fossés qui entourent la ferme, et
augmente sa défense.

On a bouché le pont des prés. Ils sont inondés
ainsi que le fossé qui entoure la petite cense; l'ennemi est forcé de passer sous le feu de la redoute, ou de
l'attaquer.

Au village de Berne, on a embarrassé le dessous
du pont C, pour augmenter l'eau qui borde la partie
du village vis-à-vis du poste B.

Pʟ. V. Lorsqu'un ruisseau peut couvrir des retranchements comme à la droite du village de Bar,
on l'arrête par un batardeau : il faut proportionner
ses dimensions à la hauteur où l'on veut élever l'eau.
Dans les petites rivieres ou dans les ruisseaux, on
commence par enfoncer de forts piquets; on les lie

fortement, en les entrelaçant de menues branches, de fascines, de planches, de pierres, et de terre grasse bien battue ; on y met de forts étançons en talut pour soutenir la poussée de l'eau ; on pratique à côté une petite rigole plus basse que le sommet de la digue pour écouler le surplus, autrement l'eau, passant sur la digue, l'emporteroit infailliblement.

On a fraisé les alentours et le dessus de cette digue, qui, dans sa longueur, doit suivre à-peu-près la même pente que la plongée du parapet, afin qu'elle puisse en être défendue.

Pl. VII. Au bas du village de Rouville, le gros ruisseau est arrêté par un petit épaulement de fascinages, A ; mais comme ce ruisseau peut refluer dans d'autres petits canaux courants, on les a barrés par places, de sorte que l'eau déborde et couvre la plus grande partie de la prairie ; ainsi le village ne craint aucune attaque de ce côté.

Pl. VI. Au bout du marais le ruisseau coule dans une plaine : plusieurs postes, H, y sont établis. Pour leur sûreté, ils peuvent grossir l'eau par des traverses mises de distance à autre, et qu'ils auront soin de garder : on s'y retranche de maniere à empêcher l'ennemi de rompre les digues.

On a profité d'une langue de terre un peu élevée et entourée de marais, pour construire un redan L, qui défend le batardeau I : on communique à ce poste par de petits ponts de fascines M, établis sur les deux ruisseaux. On met dans les endroits les plus marécageux de la prairie quelques claies, et pour trouver les passages, on y plante des jalons. Si la troupe est obligée d'abandonner le poste, il faut qu'en se retirant elle détruise toutes les communications, afin d'empêcher l'ennemi de la suivre.

Lorsque des postes H sont établis derriere une inondation, ils sont placés de loin à loin ; quelques sentinelles forment en avant une chaîne : il les faut visiter souvent, et ordonner de fréquentes patrouilles.

Il y a des terreins inondés que l'ennemi peut saigner et rendre guéables en peu d'heures. L'attention des commandants de chaque poste est de faire examiner souvent si l'eau baisse ; alors ils doivent s'avertir l'un l'autre, redoubler leur vigilance, et informer le général : peut-être l'ennemi n'a-t-il fait ce travail que pour donner le change ; mais c'est au chef à deviner et à juger de ses projets.

Si les postes H qui gardent le chemin peuvent arrêter les ruisseaux N, ils formeront une inondation qui les garantira des surprises.

Quand on ne peut assez élever l'eau, il faut creuser des tranchées ou des puits ; on enfonce dans les intervalles des piquets bien affilés, inclinés du côté

K

de l'ennemi; ils ne doivent pas dépasser la surface de l'eau. On étend aussi les terres des endroits creusés, pour qu'ils ne soient pas reconnus; on fait couper les buissons : ils indiquent souvent la hauteur de l'eau et le courant des ruisseaux qu'ils bordent ordinairement.

## XVI<sup>e</sup>. EXEMPLE.

### Garder un bourg ou une petite ville fermée en partie de murs ou de terrasses.

Un détachement envoyé dans une petite ville dont la fortification se trouve en partie ruinée, s'y mettra promptement à l'abri des surprises.

Le premier soin du commandant sera de reconnoître l'état de la place, d'établir ses postes en conséquence, d'assigner les lieux où les troupes s'assembleront la nuit, en cas d'alarme, et d'ouvrir partout des communications faciles.

Il commencera par faire réparer les endroits délabrés, nettoyer les fossés, et palissader les terrasses: il doublera les gardes pendant la nuit (1).

Le but doit toujours être de faire croire un poste plus fort qu'il ne l'est réellement : quelques rangs de

_____

(1) Revoyez le dernier alinea de l'exemple XIII, page 65.

palissades au-dehors et sur les points accessibles, des terres élevées et bordées d'abattis, des baraques et même quelques maisons démolies, en imposent souvent aux ennemis : les peines qu'on a prises, les sacrifices qu'on a faits lui impriment la crainte d'une défense vigoureuse.

Le commandant ne laissera visiter ses travaux par aucun étranger.

Si l'artillerie ne peut fournir à toutes les batteries nécessaires, il fera transporter légèrement ses canons tantôt à l'une, tantôt à l'autre; ils en paroîtront plus nombreux.

Si les maisons d'un fauxbourg sont nuisibles, et qu'elles ne puissent être enveloppées de quelques retranchements soutenus par la ville, il faudra se résoudre à les raser.

Pl. VII. Craint-on d'être assiégé dans cette position? l'on fait couper les arbres et élever d'avance un parapet sur les remparts; on fraise les intervalles où les murs sont ruinés.

Il faut construire une tête de pont, si la garnison est assez nombreuse pour la défendre.

La ville est-elle trop ouverte? on se retire dans le château à l'approche des ennemis. N'a-t-on pas cette ressource? on se retranche dans la partie la plus susceptible de défense.

On n'assied pas des troupes dans un poste exposé à être enlevé, si l'on ne peut les secourir promptement, ou leur assurer une retraite.

Placé même sur les derrieres d'une ligne ou d'une armée, on ne sauroit trop se tenir aux aguets : une troupe légere qui porte de l'infanterie en croupe peut tenter de vous égorger pour brûler et piller autour de vous.

Quoiqu'un commandant se soit formé un petit état-major actif et intelligent, pris dans tous les grades, il n'en visitera pas moins lui-même les canaux, égouts, souterrains et fausses portes : il les fera garder, et ne les en fera pas moins griller ou masquer. Il établira des défenses aux passages des rivieres ou des ruisseaux.

Il arrête toute correspondance des habitants avec les ennemis, et fait visiter les voitures à l'entrée de la ville, afin qu'il ne pénetre aucune arme ni munition.

Pour rendre une troupe alerte, il faut lui donner quelquefois l'alarme : il en résulte qu'on sait en combien de temps chaque poste est secouru.

Si le lieu renferme quelques dépôts précieux qui puissent donner l'envie à l'ennemi de s'en emparer, on les envoie plus en sûreté, ou du moins on fait semblant de les transférer.

Si l'on ne peut éviter d'être pris, il faut, avant

d'être attaqué, détruire ou cacher sous terre et dans l'eau ce qu'on a de canon, de mortiers, de munitions et de provisions inutiles à sa défense. Le secret est bien important dans toutes ces opérations.

# IDÉE GÉNÉRALE
## D'UN ITINÉRAIRE DE CAMPAGNE.

### PREMIERE POSITION.

PL. VIII. L'armée occupe la plaine; elle est représentée en teinte jaune pâle, et en lignes ponctuées: les retranchements sont ponctués, et en couleur de terre.

La droite est campée sur un plateau escarpé, garni de retranchements, couvert d'abattis, défendu par six bataillons d'infanterie et une division d'artillerie.

La gauche s'appuie au village d'Ori, couvert par huit escadrons de dragons et un bataillon de grenadiers; le village de Lure est couvert d'une redoute gardée par cent hommes : une grand'garde de cavalerie occupe la plaine, et est remplacée à la retraite par une compagnie de chasseurs.

Le moulin rouge est occupé par des volontaires

qui gardent le pont, et sont soutenus par une grand'-
garde.

Le village de Lille est occupé par des troupes légeres : une grand'garde de cinquante hommes occupe
la redoute que commande le pont.

Le village de Brêne et le sommet de la hauteur
voisine sont gardés par des chasseurs ; la hauteur est
couverte d'abattis, et la droite du village l'est par une
redoute.

Toutes les grand'gardes détachent en avant ou
sur leurs flancs de petits postes, comme d'un caporal et quatre hommes, qui facilitent leur sûreté.

On a établi des ponts de communication sur le
petit ruisseau d'Ori.

On a construit plusieurs ponts au-dessous et au-
dessus du gué et du pont de bois du moulin Saint-
Jean : l'armée peut se retirer promptement dans la
gorge si elle ne se trouve pas en sûreté dans la plaine.
Ces ponts sont protégés par deux batteries placées
sur le plateau Saint-Jean, et sur les hauteurs à mi-
côte du château noir.

Les troupes légeres et les houssards au-dehors des
grand'gardes envoient de petits détachements à la
découverte.

Le quartier général est à Roche, et les officiers
généraux de la gauche logent à Ori.

## SECONDE POSITION.

L'armée est en bataille; elle est supposée camper sur le terrein qu'elle occupe, en teinte jaune foncée, dans la gorge de Roney, et au débouché du petit vallon de Vars.

La hauteur du château noir, ruiné, est occupée par un bataillon d'infanterie; il a établi plusieurs batteries.

Le plateau Saint-Jean est occupé par quatre bataillons; cette troupe a construit deux redans avec des batteries à embrasures. Ce poste et celui du château noir peuvent, au besoin, protéger le passage de la petite riviere. Le vallon de Vars est occupé par des grenadiers et chasseurs, et quatre pieces de canon: les dragons de l'armée sont placés sur un rideau en-deçà du village de Vars: la hauteur entre Vars et Brêne est gardée par des grenadiers et chasseurs: les bois de la gauche de Vars sont garnis de volontaires.

Toutes les petites hauteurs au pied de la côte qui borde la mer sont garnies de batteries gardées par des détachements d'infanterie.

Le quartier général est à Roney, le parc d'artillerie à la droite de ce village; et le reste de l'armée est en bataille dans la gorge.

Les houssards et les troupes légeres occupent les

villages de Roche, de Lure, le moulin rouge, et Lille.

On a construit des ponts de communication au-dessous de la digue du petit étang, et quelques fasci-nages sur les petits ruisseaux, dans l'intérieur de la gorge; on a élargi les chemins sur les hauteurs.

**FIN DE LA PREMIERE PARTIE.**

# SECONDE PARTIE.

## DE L'ATTAQUE

## DES PETITS POSTES.

### INTRODUCTION.

Il y a une infinité d'observations à faire et de précautions à prendre pour réussir dans une attaque de poste.

Un officier chargé d'une expédition reconnoît autant qu'il est possible si les renseignements donnés par le général sont les mêmes, et si l'ennemi n'a pas fait dans sa position de changements qui obligeroient de varier l'ordre de l'attaque. Elle doit être vive : le moment alors est toujours pressant, et ne permet pas d'avertir le général qu'un incident imprévu dérange l'ordre qu'il a prescrit.

On doit donc, sur-le-champ, former un nouveau plan analogue aux dispositions de l'ennemi. C'est l'instant où l'officier actif et éclairé déploie ses talents : il faut que son génie supplée et commande

L

pour ainsi dire aux événements; que son habileté et son exemple inspirent à ses soldats cette confiance si nécessaire pour réussir.

Il faut se porter sur les points essentiels, afin d'encourager par son exemple, et de vérifier si les ordres sont entendus ou exécutés.

On a quelquefois à craindre les embuscades que l'ennemi pourroit tendre pendant la nuit, s'il avoit été informé de vos desseins.

On forme une réserve destinée à secourir les troupes de l'attaque, si l'ennemi fait une sortie imprévue.

On doit toujours assurer sa retraite, en cas de mauvais succès.

S'agit-il de combler un fossé, de couper des palissades, d'escalader quelques murs, de briser des portes ou des barrieres, de brûler, de détruire quelques ponts, maisons, granges, magasins de fourrages, &c.? on a des matériaux et des outils prêts; et les troupes de l'attaque doivent toujours concourir avec les travailleurs à l'exécution de ces vues.

On a quelques chariots attelés à portée d'enlever les blessés, et l'on désigne des soldats pour ce service, afin de ne pas déranger ceux qui sont employés à l'expédition.

Si le poste est tel, que l'ennemi ait la facilité de

se retirer pendant l'attaque ou au moment de l'essuyer, on doit prendre les précautions nécessaires
pour lui en ôter les moyens.

On fait embarrasser les chemins, les gués, et rompre les ponts : il faut encore embusquer quelques pelotons, pour tomber sur lui et le mettre en désordre
dans sa retraite.

Si malgré ces précautions l'ennemi échappoit,
quelques houssards ou volontaires d'observation aver-
tiroient promptement le chef, pour qu'il puisse intercepter les traîneurs, les bagages, l'artillerie, &c.

L'objet n'est-il que de s'emparer d'un poste? on
fait offrir une capitulation avantageuse à l'ennemi.

Si après plusieurs efforts ou même avant d'attaquer on jugeoit qu'il fût impossible de réussir, il vau-
droit encore mieux se retirer que de sacrifier incon-
sidérément une troupe : il est prudent de se précau-
tionner d'instructions relatives à cet objet.

## I<sup>er</sup>. EXEMPLE.

### ORDRE

donné pour la défense des moulins.

Pl. IX. Deux capitaines, deux lieutenants et cent
hommes de la premiere brigade, partiront tout de
suite pour se porter aux moulins neufs. Les officiers

auront attention que les soldats aient chacun soixante coups à tirer, que les armes soient en bon état, que ce détachement soit pourvu de huit outils de chaque espece, et de vivres pour quatre jours.

Les officiers renverront leurs chevaux au camp, après leur arrivée au poste. Ils s'y mettront en état de défense le plus promptement possible, et feront usage de tout ce qu'ils trouveront d'utile à leur por-tée. Ils ne s'écarteront pas des moulins, et prendront toutes les précautions nécessaires pour que l'ennemi ne mette pas le feu aux bâtiments; ils s'y défendront en attendant les troupes qui doivent marcher à leur secours au premier avis de l'attaque.

### DISPOSITION DE DÉFENSE.

Le commandant arrivé aux moulins les reconnoît, et divise sa troupe en plusieurs endroits.

Il place trente hommes aux ordres du premier lieutenant à la baraque sur la digue, un sergent et dix-huit hommes sur la terrasse A, vis-à-vis du ma-rais. Ces deux postes établissent entre eux une com-munication par de petits ponts jetés sur le marais et le ruisseau G, avec des planches et des claies; il en résulte que le sergent peut aller au secours du lieu-tenant, et que celui-ci peut facilement se retirer, s'il est forcé.

Le lieutenant détache un sergent et dix hommes sur sa droite, un caporal et quatre hommes dans le pavillon I qui fait face au canal. Leur consigne est de ne rien laisser approcher du canal.

Le sergent placé avec dix-huit hommes sur la terrasse A détache un caporal et huit hommes dans les buissons M, sur le bord de la riviere, pour garder cette partie jusqu'à la pointe de l'isle : le sergent doit toujours être prêt à les secourir.

Le reste de la garde occupe la cour d'entrée du moulin, les granges, et la maison C qui flanque le devant des granges et la porte : un caporal et quatre hommes sont placés dans la maison D. Ils se retranchent tous le plus promptement qu'ils peuvent.

Les murs des granges, bâtis en bois et plâtre, sont crénelés à deux rangs ; le premier rang au rez-de-chaussée, et le second à huit ou neuf pieds au dessus : la charpente des toits est coupée, du côté de l'entrée, d'environ quatre toises ; les planchers sont garnis de terre et de fumier, ainsi que le derriere de la grande porte, qui est crénelée à neuf pieds de haut.

Le passage sur la terrasse E, entre les granges et les palissades qui bordent la riviere, est barré d'un petit épaulement fait avec des planches, des sacs remplis de terre, ou de tout ce qu'on trouve au moulin. Les palissades (au long de la riviere) sont garnies de planches, entre lesquelles on laisse, par intervalle, des ouvertures pour passer le fusil.

On fait provision d'eau pour éteindre les feux jetés par l'ennemi.

On transporte dans l'isle M tout ce qui pourroit en augmenter l'effet.

Le gué servant à passer dans l'isle est barré de chariots F liés et attachés fortement à des piquets enfoncés en terre.

Les moulins sont arrêtés: si l'ennemi paroît, la vanne du milieu se leve, afin que le courant puisse rompre le gué, au moins en apparence. Les madriers du pont sont levés; on n'y laisse que quelques planches pour servir de communication.

Le petit pont B du moulin à tan est aussi levé et bordé d'un parapet.

Le dessous de la porte du moulin qui se trouve au bout du pont est embarrassé de sacs remplis de tout ce qu'on a eu sous la main; on a conservé seulement un petit passage. Les murs de dessus sont crénelés, une partie du plancher levée.

La palissade du jardin qui borde le gué F est arrachée: on peut s'y porter avec plus de facilité pour défendre ce passage.

ORDRE

donné au camp ennemi pour l'attaque
des moulins neufs.

Deux capitaines, deux lieutenants, huit sergents,
huit caporaux, et quatre cents volontaires des quatre
premieres brigades, seront rendus à quatre heures
au parc d'artillerie avec leurs armes seulement. Un
officier supérieur en prendra le commandement, et
leur fera distribuer les munitions et outils nécessaires.

Il se portera tout de suite au village de....où les
houssards lui fourniront chariots, échelles, fagots,
pailles, et autres matieres propres à mettre le feu.
Un brigadier et quatre houssards d'ordonnance le con-
duiront aux moulins neufs, et resteront à ses ordres.

Son objet est d'enlever ce poste, afin de rompre
ou de faire sauter les ponts et les portes des écluses
pour mettre le canal à sec. Il brûlera les bâtiments,
et se retirera aux premiers postes des houssards.

L'expédition faite ou manquée, il enverra un hous-
sard au major-général pour l'en instruire.

### ATTAQUE DES MOULINS NEUFS.

Le commandant des volontaires, arrivé à deux
cents pas des moulins, est averti que les premiers
postes ennemis ne sont qu'à la distance d'une demi-

lieue. Il envoie à la découverte le brigadier et deux houssards soutenus d'un sergent et de quinze hommes, afin d'être averti à temps du secours qui pourroit venir aux moulins.

Il forme ensuite sa disposition, et explique à chacun ce qu'il doit faire.

Au signal donné une heure avant le jour, les volontaires attaquent premièrement les deux granges, et tentent d'escalader la terrasse E par la riviere qu'ils savent être guéable: mais ils n'y peuvent réussir; le feu du poste C, flanquant les deux granges et la porte, les oblige de se retirer avec perte.

Cette premiere attaque manquée force le commandant de disperser un moment sa troupe derriere les haies, partie sur le bord du canal, et le reste sur celui de la riviere. (Voyez H.)

S'étant apperçu que le feu du poste C étoit le plus dangereux, il fait faire sur le chemin O un abri de fascines et de branchages. Cent hommes y fusillent continuellement sur le poste C et sur le haut des granges. Il fait, sous leur protection, transporter à ces granges et à la grande porte tout ce qu'il peut rassembler de paille et de fagots pour y mettre le feu. Il y réussit malgré la vigoureuse opposition qu'il rencontre. La troupe qui occupe cette partie repasse le pont, et enleve les planches de communication. Il cherche à rétablir le passage avec ce qu'il trouve dans les bâtiments, et ne peut y réussir. Il parvient cependant à baisser la vanne du moulin, et arrête par ce moyen le courant qui rompoit le gué.

Le commandant du poste s'apperçoit que l'ennemi fait ses dispositions pour pénétrer par le gué ; commençant d'ailleurs à manquer de munitions, il fait accourir la troupe de garde à la baraque ; il la place derriere les chariots F : elle fait sur le gué un feu très vif, et est secondée par celui de quelques soldats qui sont aux fenêtres du moulin et derriere le petit mur du jardin.

Leur bonne contenance force l'ennemi de se retirer ; d'ailleurs il craint d'être pris par le secours qui arrive au poste, et dont il est informé par ses houssards.

## IIᵉ. EXEMPLE.

### Surprise d'un poste.

#### ORDRE.

Du . . . . . au camp de . . . . .

Pl. IX. Un lieutenant-colonel, trois cents hommes de garde, et trois cents travailleurs des six premieres brigades, se rendront tout de suite au pont Saint-George. Ils y releveront cinquante volontaires, s'y retrancheront, et envelopperont dans les ouvrages

M

les maisons et la chapelle. Ils couvriront par ce moyen le pont et le gué; ils conserveront le passage sur la chaussée, communiqueront avec les petites gardes du canal, et avec celles du camp volant placées dans la gorge de Lista : les travailleurs se retireront au camp à la retraite.

Le commandant enverra des patrouilles au dehors pendant la nuit, afin d'être averti des mouvements que pourroit faire l'ennemi.

En cas d'attaque, ce poste doit se défendre le plus long-temps possible, afin que le secours qui lui sera envoyé arrive assez tôt.

Ce poste sera renforcé, pendant la nuit, de deux cents hommes des piquets de la première ligne, qui ne se retireront au camp qu'une heure après le soleil levé, et lorsqu'il aura été bien reconnu par les patrouilles envoyées à la découverte, que l'ennemi ne fait aucun mouvement.

Un brigadier et quatre cavaliers d'ordonnance se tiendront prêts à monter à cheval, pour être envoyés, en cas d'attaque, au camp volant et à l'armée.

### DISPOSITION DE DÉFENSE
### au pont Saint-George.

Le commandant, arrivé au poste, fait rester les travailleurs à la queue du pont; et après avoir relevé

les volontaires, il envoie plusieurs patrouilles com-
mandées par des lieutenants et bas-officiers, former
une chaîne à trois cents pas, entre le canal et la petite riviere, pour couvrir les travailleurs.

Lorsqu'avec les officiers à ses ordres il a reconnu
le terrein ainsi que les matériaux, et déterminé les
ouvrages qu'il croit les plus convenables, il les fait
tracer.

Il s'empare des madriers, des planches, des claies
et des palissades qu'il trouve dans les maisons et dans
les jardins.

Il fait faire quelques fascines de branches de saules
qui se trouvent dans les environs.

Il fait construire un parapet le long du mur du
jardin, et créneler les murs de la maison A; le parapet est flanqué d'un redan B appuyé au canal, et
ce redan est flanqué de l'autre bord par un épaulement C (1): la chapelle Saint-George est couverte
d'un redan D appuyé au passage E flanquant un épaulement F qui couvre la communication du gué avec
le pont.

La contrescarpe est fraisée et bordée d'un abattis
fortement attaché. Le terrein vis-à-vis la face du re-

---

(1) Lorsqu'on fait un épaulement    employer des fascines, et les attacher
sur le bord d'une riviere, il faut y    à de forts piquets.

dan appuyé au canal est dur et pierreux; on y a jon-
ché des chaussetrapes (1) pour en rendre l'approche
plus difficile, et suppléer au fossé qu'on n'a pu y faire
à cause du peu de profondeur du canal.

On a fait une banquette le long du mur sur la terrasse G; elle domine sur les retranchements, et sert
à doubler la défense dans cette partie.

Le commandant fait arrêter les moulins pendant
la nuit pour hausser l'eau du canal. Il dispose ensuite
l'ordre de défense, et place chacun à son poste.

Il réserve quarante hommes H placés entre le pont
et la chapelle. Quarante hommes occupent l'épaulement C.

Le soir, les deux cents hommes de renfort arrivés
sont distribués le long des retranchements; on les
instruit de ce qu'ils ont à faire.

Plusieurs petits postes sont placés en avant dans
les ravins O et le long des petites sources, pour faire
des patrouilles continuelles pendant la nuit, et observer les volontaires ennemis qui sont à quelque distance.

---

(1) Quoique les chausse-trapes
soient plus dangereuses à la cavalerie; dans un terrein dur et sec, elles
sont aussi nuisibles à l'infanterie: on
jonche dessus quelques feuillages,
ou de la paille pour les masquer.

C'est lorsqu'on s'en méfie le moins,
que les chaussetrapes causent plus de
désordre et ralentissent la vivacité de
l'assaillant.

### ORDRE

envoyé au commandant des volontaires d'observation vis-à-vis le pont Saint-George.

Le commandant des volontaires placé sur la chaussée qui conduit au pont Saint-George s'approchera des retranchements le plus qu'il lui sera possible : il inquiétera les petits postes qui bordent le canal, en les faisant fusiller par quelques pelotons de volontaires I, qui s'avanceront sur le bord du canal.

Il observera les retranchements qui couvrent le pont et le gué, ainsi que la force de la troupe qui les garde de jour et de nuit. Il rendra compte des moyens d'attaque que les retranchements et la position exigent, et de la quantité de monde qu'il seroit nécessaire d'y employer pour intercepter pendant douze heures la communication, la rompre s'il est possible, et empêcher le camp volant d'avoir du secours, ou de pouvoir se retirer à l'armée par ce poste.

### EXÉCUTION.

Le commandant des volontaires divise sa troupe en plusieurs pelotons ; ils chassent les patrouilles et les petites gardes placées dans les ravins O et sur le bord du canal ; ils forment une chaîne à la portée du fusil des ouvrages , et restent dans cette position, soutenus pendant le jour de deux cents volontaires à cheval.

La nuit suivante ils font quelques manœuvres, fusillant à tort et à travers sur les patrouilles et les petites gardes de l'autre côté du canal : elles sont obligées de s'éloigner, la plaine étant rase, et n'ayant aucun retranchement pour se couvrir. Le poste Saint-George est toute la nuit sous les armes, et à la pointe du jour les troupes restent tranquilles chacune dans son poste.

Le commandant des volontaires fait ses observations ; et après avoir bien reconnu le poste dans les différents points, il envoie au général ce qui suit.

### OBSERVATIONS

### sur le poste du pont Saint-George.

Le poste du pont Saint-George est enveloppé d'un parapet avec un fossé, et couvert d'un abattis. Deux redans flanquent ces ouvrages, qui couvrent le pont et le gué ; les parapets dominent les dehors par lesquels on pourroit approcher. Près du canal, dans l'espace d'environ cinq toises, le parapet est fraisé, et couvert simplement d'un abattis. Ce petit front est flanqué d'un épaulement placé sur l'autre bord. Il peut y avoir deux ou trois pieds de vase au fond du canal, environ deux ou trois pieds d'eau vers le soir, et cinq à six pieds le matin.

Les moulins sont arrêtés au coucher du soleil, et ne vont que deux heures après son lever.

Il paroît que ce poste est gardé par trois cents hommes, et renforcé pendant la nuit d'environ deux cents. On ne peut établir aucune batterie tirant sur ce gué, sans s'exposer à la voir démontée par celles que l'ennemi peut placer d'un moment à l'autre sur les hauteurs voisines.

Il ne seroit pas facile d'emporter d'emblée ce poste pendant le jour; il peut avoir en peu de temps du secours, soit de l'armée, soit du camp volant: cependant, à la faveur de la nuit, on peut essayer de le surprendre, en faisant soutenir les cinq cents volontaires par six cents grenadiers ou chasseurs : on les munira d'outils propres à détruire le pont, à briser les portieres de l'écluse, même les vannes du moulin.

Si on a le temps, on pourra aussi détruire les retranchements.

### DISPOSITION

pour la surprise du poste.

Le commandant des volontaires, ayant reçu l'ordre d'emporter le poste et de le détruire, se prépare pendant le jour, pour le surprendre la nuit suivante.

Il fait faire dans le bois, hors de la vue du poste, des claies et des fascines: il envoie par le ravin qui sert à la décharge du canal, quatre hommes, avec ordre de briser sans bruit, au coucher du soleil, la portiere M par le bas, et d'en élargir l'ouverture pendant la nuit, pour faire écouler, s'il est possible, toute l'eau du canal.

Il fait passer cent volontaires dans le bois N vis-à-vis du gué; il choisit les meilleurs tireurs, leur ordonne de s'avancer au bord du bois lors de l'attaque, et de fusiller vivement sur le gué, afin d'empêcher le poste de recevoir du secours du camp volant, ou de s'y retirer par ce passage.

A neuf heures du soir six cents grenadiers ou chasseurs arrivent au poste des volontaires. Le commandant les divise par pelotons dans les ravins O les plus près du poste: il fait tirer, comme les nuits précédentes, quelques coups de fusils sur les petits postes du canal, et sur quelques patrouilles qui s'avancent pour reconnoître dans les environs s'il n'y a pas plus de troupes que les autres nuits. Il a en dépôt de la paille pour mettre le feu aux abattis, et ordonne à toute sa troupe le plus grand silence.

Le commandant des volontaires fait avancer, une heure avant le jour, à cent toises des retranchements,

sur le bord du canal; deux cents volontaires et trois
cents chasseurs chargés de fascines et de claies qu'ils
jettent en P sur la vase du canal, dont les eaux sont
supposées presque toutes écoulées. Ils passent au
même instant, et se séparant en plusieurs pelotons,
fusillent sur quelques petites gardes accourues au
bruit qu'elles entendent sur le canal. Une partie des
volontaires marche le long du canal, attaque la garde
placée derriere l'épaulement C, et la poursuit jusqu'aux haies voisines, derriere lesquelles elle dispute
le terrain pendant quelque temps : d'autres volontaires dispersés dans la plaine, après avoir chassé les
troupes qu'ils rencontrent, se postent derriere les
haies Q sur le bord de la chaussée, afin d'arrêter le
secours qui viendroit de ce côté.

Les volontaires et chasseurs, ayant dissipé toutes
les gardes qu'ils rencontrent, bordent la rive gauche
du canal, et fusillent de revers les troupes du poste.
Ils attaquent le pont, que le commandant a fait barrer
à l'approche de l'ennemi.

Pendant ce mouvement, les pelotons de chasseurs, placés à petite distance des ouvrages, font un
feu continuel sur le poste pour fixer l'ennemi dans
ses retranchements. Deux cents grenadiers R cachés
dans le ravin, et chargés de s'emparer du redan B,
s'appercevant que les chasseurs et volontaires l'ont

N

dépassé, font une attaque si vive, qu'ils pénetrent
dans le poste; puis, longeant le parapet jusqu'au chemin, culbutent tout ce qui se trouve devant eux : une
partie marche droit au pont abandonné par ceux qui
le défendoient, et qui se sont retirés dans la cour du
moulin. Les petits pelotons O ouvrent le passage E
sur la chaussée, et tous ensemble parviennent à chas-
ser ceux qui se défendoient encore.

Dans leur retraite par le gué ils essuient le feu des
volontaires N. Ceux-ci sont à leur tour exposés au
feu de la hauteur voisine S, sur laquelle le commandant du poste rassemble sa troupe en attendant du
secours.

Les soldats retirés dans le moulin et sur la terrasse G, s'y défendent quelque temps; mais ils sont
obligés de se rendre, étant en trop petit nombre :
d'ailleurs cette partie du poste n'avoit pas été mise
en état de défense (1).

Cette expédition faite, le commandant informe
le général de la réussite. Il fait embarrasser le gué

_____

(1) On peut juger, d'après cet exemple, combien il est essentiel de ne rien négliger dans la défense d'un poste : cette terrasse et la cour du moulin, bordées d'un bon parapet, eussent servi de retraite à une partie de la troupe qui auroit fait échouer l'ennemi; parceque, dans cette position, elle auroit empêché la démolition du pont, de la digue, et d'une partie des retranchements : elle auroit encore conservé la communication en donnant au secours le temps d'arriver.

avec des arbres, couper le pont, l'écluse et les vannes du moulin : il fait détruire aussi les retranchements.

Les volontaires à cheval restés en arriere appor-
tent la paille mise en dépôt ; les grenadiers font plusieurs tas de l'abattis ; ils les garnissent de paille et
de fagots, y mettent le feu, et se retirent.

Le commandant, après avoir fait repasser le canal
au reste de son détachement, se retire aussi à petite
distance des renforts de l'armée et du camp volant
aux ordres d'un officier général : ceux de l'armée
bordent le canal : ceux du camp volant placent sur la
hauteur quatre pieces de canon pour éloigner les volontaires N, afin de pouvoir rétablir le gué ; mais ceux
qui s'y présentent sont forcés, par le feu des volontaires, de se retirer.

Le général ennemi avoit fait avancer un corps de
trois mille hommes d'infanterie, huit pieces de canon
et six cents chevaux, avec ordre au commandant de
ce détachement d'empêcher le rétablissement de la
communication aussi long-temps qu'il seroit possible, dans le cas où l'attaque des volontaires auroit
réussi : alors il avance, et empêche le rétablissement
l'espace de cinq heures. Pendant ce temps le général
attaque le camp volant, qui, ne pouvant avoir de secours par le gué, ni se retirer assez tôt, est mis en

déroute, et obligé d'abandonner ses bagages et une partie de son artillerie.

### IIIᵉ. EXEMPLE.

Attaque et défense d'une ferme et d'une tête de pont.

ORDRE.

Du 15 Juin, à 10 heures du matin, au camp de....

Pl. X. Six compagnies de chasseurs de la troisieme division se rendront à onze heures à la gauche du camp aux ordres de M.... lieutenant-colonel d'infanterie. Elles seront fournies de vivres pour quatre jours : les officiers n'emmeneront avec eux que leurs chevaux de cantine ; ils seront joints à une demi-lieue du camp par cinquante volontaires, dont vingt à cheval.

L'objet du commandant est de garder le pont de Vair, le gué du moulin et la ferme ; de couvrir le pont d'un redan ; d'établir une communication avec le moulin ; de mettre celui-ci et la ferme à l'abri d'un coup de main, afin d'être maître du gué, et faciliter la retraite des volontaires envoyés à la découverte.

Il fera rester près de lui un brigadier et quatre volontaires à cheval, pour avertir le major-général des mouvements de l'ennemi.

En cas d'attaque, il fera tirer deux petards pour

signal : ILS SONT DANS LA COUR DU CHATEAU. A ce
signal, les piquets de dragons et d'infanterie de la
gauche de l'armée, ainsi qu'un détachement d'artillerie avec quatre pieces de canon, ont ordre d'aller
à son secours.

Il tiendra ferme le plus long-temps qu'il pourra,
afin que le secours ait le temps d'arriver.

### DISPOSITION DE DÉFENSE
au pont de Vair et à la ferme d'Ormont.

PL. X. Le détachement arrivé, le commandant
le met en bataille, et envoie une partie des volontaires à la découverte ; l'autre partie est placée par
pelotons, à cinq cents pas en avant, aux différents
débouchés, afin d'avertir à temps des mouvements
offensifs que pourroient faire les ennemis.

Avec ses officiers il reconnoît les environs et les
matériaux nécessaires pour se retrancher. Il divise
ensuite sa troupe, et met deux compagnies au moulin et à la ferme ; deux compagnies sur le bord de
la riviere pour défendre le gué ; les deux autres au
pont. Il le couvre d'un redan, avec un fossé de vingt
pieds de large.

Afin de lui donner une profondeur convenable,
il fait ouvrir les portieres 7 sur la digue du moulin,
et fermer celles du moulin à papier pour mettre l'eau

entre les deux digues au plus bas, et pouvoir creuser le fossé. Puis refermant les portieres 7 et les vannes du moulin, l'eau élevée par ce moyen remplit le fossé de la tête de pont. La face droite est flanquée par un épaulement C, et la gauche par des pelotons D placés dans le verger derriere quelques buissons : les petits ponts E sur le ruisseau facilitent la communication.

On coupe une partie des arbres de la chaussée, ainsi que ceux du verger; on en fait un abattis 4, depuis le moulin jusqu'au redan qui le flanque. De cet abattis on bat le terrein du front de la tête de pont, et l'on couvre la communication entre le pont et la ferme.

Les compagnies qui occupent le moulin et la ferme construisent des banquettes le long des murs qui donnent sur la plaine.

Les murs des bâtiments qui font face au-dehors et sur le gué sont promptement crénelés (1). Elles établissent de larges communications d'un bâtiment à l'autre, barricadent les portes et les garnissent de fumier.

Les compagnies postées sur le gué et le long de la riviere construisent un redan A et une tranchée B.

_____

(1) Comme on ne peut créneler les angles des maisons, l'ennemi ordinairement y place ses échelles de préférence; mais on fait des ouvertures obliques assez larges pour passer quelques instruments avec lesquels on culbute et renverse les échelles des assaillants.

Ces deux ouvrages procurent un feu croisé sur le gué.

Les chariots nécessaires au transport des palissades, claies, fascines et autres matériaux, sont fournis par les habitants.

On suppose ces travaux très avancés dans la journée: ceux de la ferme et de la tête de pont sont mis à l'abri d'un coup de main.

Le commandant, informé par ses troupes légeres que l'ennemi ne paroît faire aucun mouvement, laisse seulement un capitaine et un lieutenant au pont, un capitaine et un lieutenant au moulin et à la ferme, et deux sous-lieutenants près le gué. Ces officiers font faire de fréquentes patrouilles pendant la nuit au dehors de leurs postes. Le reste de la troupe est logé dans les maisons voisines du pont, avec ordre, au premier avis, de se porter aux différents endroits qui leur sont assignés en cas d'attaque.

Le jour suivant est employé à perfectionner les ouvrages, à fournir les postes de tout ce qui est propre à une bonne défense (1), à rétrécir la largeur du

(1) On peut faire des fossés au pied des bâtiments. On les couvre avec des claies légeres ou de menues branches, sur lesquelles on jonche de la paille ; l'ennemi qui vient y planter des échelles tombe dans le fossé : par ce moyen les échelles se trouvent trop courtes. On peut encore garnir les toits de longues poutres, retenues en dessous par des cordages ou des piquets aisés à retirer au besoin : lors de l'escalade on les lâche sur l'assaillant.

gué, en garnissant la partie droite vis-à-vis de la tranchée B avec des herses, des piquets bien affilés et
durcis au feu : on s'est encore muni de deux chariots
garnis pour barrer le milieu du gué.

Un lieutenant et trente hommes, dont six volontaires à cheval, sont envoyés à deux cents pas sur la
droite du gué pour garder la rive droite de la riviere :
ils doivent multiplier leurs feux pour faire croire à
l'ennemi qu'ils sont plus nombreux. En cas d'attaque,
cette troupe se rapproche promptement du gué.

On fait débarrasser les chemins qui conduisent
de l'armée au poste, et placer de distance à autre
quelques pots à feu pour guider de nuit les troupes
qui doivent venir au secours : un bas-officier et six
hommes sont chargés d'en avoir soin (1).

---

(1) Il est de la plus grande conséquence, pour un officier qui doit
recevoir du secours, que les chemins
par où il doit arriver soient larges et
bien reconnus, afin que le guide qui
le conduit ne l'égare pas ; que le signal pour avertir soit fait d'après le
temps calculé qu'il faut pour arriver ;
de ne faire les signaux que quand on
est bien assuré qu'on aura besoin de
secours, pour ne pas donner l'alarme
au camp, souvent par quelques coups
de fusils tirés sans conséquence.

Un officier intelligent doit prendre toutes les précautions nécessaires
pour s'assurer, autant qu'il est possible, des intentions de l'ennemi.

Quelques feux allumés en arriere,
au moment qu'il arrive, lui font
croire qu'il y a plus de troupes qu'il
ne l'avoit jugé.

Un feu placé de maniere qu'il ne
peut l'éteindre, éclaire pendant la nuit
toutes ses manœuvres, et souvent le
déconcerte, parceque les coups qu'on
lui porte sont mieux dirigés,

Il est ordonné aux habitants du bourg d'éclairer les rues de passage, pendant la nuit, au signal qui sera donné.

On fait placer sur la petite roche un amas de fagots goudronnés; l'officier qui commande les pelotons D y fait mettre le feu au signal qui lui est indiqué.

Les gardes sont disposées les deux nuits suivantes comme la premiere.

## ATTAQUE DU PONT DE VAIR
### et de la ferme d'Ormont.

Vers les deux heures du matin, les patrouilles entendent quelques coups de fusils du côté des postes avancés; un moment après arrivent deux ordonnances envoyées par l'officier commandant les volontaires, pour avertir qu'un corps ennemi s'avance.

Alors le commandant du détachement fait promptement placer chacun à son poste. Il met deux compagnies au pont, deux à la ferme et au moulin; les deux autres sont distribuées aux bords du gué, derriere l'abattis, et aux deux postes C et D flanquant la tête de pont. Le poste C ne doit faire feu que dans le cas où les soldats placés derriere l'abattis en auroient été chassés.

Le capitaine, placé derriere le gué en A, fait avertir le lieutenant de sa droite de se replier sur lui, et de

O

laisser seulement quelques volontaires pour entretenir les feux, et observer les mouvements de l'ennemi
sur la riviere.

Une ordonnance est envoyée aux piquets de l'armée pour les avertir de se tenir prêts à marcher au
signal du château; une autre est envoyée au major-
général.

A peine ces dispositions sont-elles faites, que
les patrouilles et les volontaires se replient sur les
postes.

Le commandant place les volontaires à pied derriere l'abattis; ceux à cheval passent le gué, qui est
aussitôt barré par les chariots garnis.

Les ennemis, partie infanterie et partie dragons,
arrivent presque en même temps à-peu-près une
heure avant le jour, et font leurs dispositions.

Dès le moment que les patrouilles se replient, le
commandant fait donner le signal au château, et allumer le feu de la petite roche, qui, en peu de temps,
éclaire toute la plaine.

On voit alors des différents postes tous les mouvements des ennemis: environ huit cents hommes,
tant infanterie que cavalerie légere, paroissent en
deux corps; le premier, chargé de claies et de fascines, attaque la gauche de la tête de pont, coupe
les palissades et comble en partie le fossé; malgré le

feu du parapet et des pelotons D, plusieurs soldats montent sur le talut, et sont précipités dans le fossé par quelques bas-officiers placés en troisieme rang et munis de longues perches pointues et durcies au feu.

Tous ceux qui paroissent vis-à-vis de la face droite sont tués ou mis en fuite par les feux croisés qui défendent cette partie : l'attaque se réduit à la face gauche.

Les assaillants jettent beaucoup de grenades dans la redoute, et montent sur le parapet à plusieurs reprises; cependant, toujours repoussés, se préparent à un dernier effort.

Le commandant, qui s'en apperçoit, fait relever quelques soldats employés à la défense du parapet, par la réserve laissée à la queue du pont, et envoie promptement douze hommes renforcer les pelotons D. Ils font un feu si bien soutenu, que l'ennemi, après avoir perdu beaucoup de monde, abandonne son entreprise, et se retire sur la chaussée F hors de la portée du fusil.

L'attaque de la ferme se fait plus vivement; l'infanterie, chargée d'échelles, de crocs, de haches, de petards, &c., s'attache aux portes, aux murs, et parvient à monter sur les toits, malgré le feu le plus vif fait par les troupes postées de l'autre côté du gué.

La tête du secours arrive : le commandant fait alors marcher une partie de la troupe du pont, qu'il joint à celle qui garde l'abattis, et leur fait faire une sortie sur le front des granges ; elles renversent les échelles, et mettent en déroute les ennemis, qui, n'ayant pas prévu cette attaque, se sauvent dans le plus grand désordre.

Les dragons G s'avancent pour les soutenir ; et l'infanterie F, retirée sur la chaussée, les joint.

Pendant ce mouvement, tout le secours est arrivé ; l'artillerie 5 se place près des justices, les dragons derriere le gué, et l'infanterie passe le pont pour se porter au moulin.

Le jour commence à paroître ; l'ennemi, qui s'apperçoit que les hauteurs de l'autre côté de la riviere se garnissent de troupes, prend le parti de se retirer ; ce qu'il fait en bon ordre par la chaussée et le pont du ruisseau.

Il abandonne dans la ferme ceux qui y sont entrés, et quelques blessés qui restent prisonniers.

Le commandant envoie à la poursuite de l'ennemi les volontaires, avec ordre de ne le suivre que pour en reconnoître les mouvements ; il les fait soutenir par cent dragons arrivés au secours de son poste.

On apprend des prisonniers que l'objet de cette attaque étoit de s'emparer des bestiaux et du grain qu'ils trouveroient dans le bourg de Vair, au moulin et à la ferme ; l'infanterie devoit se maintenir à la porte du bourg pendant que les dragons feroient cette expédition, après laquelle ils devoient, en se retirant, rompre le pont, les portieres de la digue, les vannes du moulin, et rendre le gué impraticable.

On travaille sur-le-champ à rétablir les postes et les murs de la ferme ; on décombre le fossé de la tête du pont, et l'on rétablit le parapet pour se mettre à l'abri d'une seconde tentative (1).

## IVᵉ. EXEMPLE.
### Surprise d'un poste.

Pʟ. XI. La surprise d'un poste quelconque ne doit être déterminée que par de puissants motifs. En in-

(1) Lorsqu'une redoute ou un retranchement de peu d'étendue est placé en rase campagne, on peut l'attaquer en plein jour à la maniere suivante, si l'on est dans le voisinage d'un bois.

Le commandant ordonne une quantité suffisante de gabions de quatre à cinq pieds de diametre, et de cinq à six de haut ; on les remplit de menues branches.

Les soldats les roulent devant eux ; et les poussant jusqu'au bord du fossé, ils s'en trouvent couverts. Alors ils jettent dans la redoute une grande quantité de grenades ; d'autres tirent sur les parapets : lorsque le commandant croit avoir mis assez de désordre dans le poste, il fait pousser les gabions dans le fossé pour le combler en partie, fait attaquer la redoute, et l'emporte d'emblée avec moins de perte que s'il fût arrivé à découvert. C'est ainsi que, dans quelques circonstances, les Turcs se sont emparés des ouvrages avancés des villes qu'ils assiégeoient.

quiétant votre ennemi sans dessein, vous l'habituez à une circonspection qui vous devient contraire dans les occasions essentielles. On s'est trop permis, et l'on s'est repenti souvent de ces légers avantages, toujours méprisables aux yeux de ceux qui voient les objets en grand.

### OBSERVATION.

L'armée ennemie, campée à petite distance, a ses postes avancés sur les hauteurs qui bordent la Loue.

L'officier général qui commande un corps d'observation est campé sur une hauteur dans les bois de Lus; ses grenadiers et chasseurs occupent en avant la petite ville de Villemars appartenant aux ennemis; elle est fermée d'une bonne muraille, avec un fossé. Il en sort jour et nuit des patrouilles jusqu'à deux cents pas hors des jardins.

Huit cents volontaires gardent le village de Lus et le pont, s'étendent environ une demi-lieue, occupent la lisiere des bois, et gardent la riviere.

L'ennemi a placé une batterie C de six pieces de canon sur la montagne vis-à-vis du pont de Lus. L'officier général commandant le corps d'observation juge que la position de cette batterie peut gêner l'évacuation de la ville, si l'ennemi veut l'attaquer et se rendre maître des deux ponts.

Dans la crainte de n'en avoir pas la facilité, on fait sortir les équipages et les restes de l'hôpital ambulant; et l'on prend des ôtages pour la sûreté des fourrages ou autres munitions qu'on seroit forcé de laisser dans la ville.

L'officier général fait miner les ponts pour les faire sauter; mais avant il se propose de faire enlever la batterie C.

Il examine, sur le plan qu'il a fait lever du terrein occupé par l'ennemi, les difficultés qu'il peut rencontrer dans son projet, et l'avantage que lui procure sa position (1). Il est instruit par ses espions qu'en cas d'alarme les piquets ennemis doivent se porter jusqu'aux grand'gardes, que cent hommes doivent marcher à la batterie C pour y renforcer deux cents hommes dont la plus grande partie est divisée en petites gardes sur le bord de la riviere.

---

(1) Un officier général commandant un corps a toujours à ses ordres des géographes, ou quelques officiers qui levent les plans détaillés des pays qu'il parcourt. Lorsque ces plans sont faits avec précision, ils deviennent de la plus grande utilité. Si une armée est sur la défensive, et se retire de poste en poste, il est très facile d'avoir le plan du terrein occupé par l'ennemi.

Lorsqu'il se trouve dans une position désavantageuse, celui qui agit défensivement peut changer d'un coup de main l'état de la guerre, et agir alors offensivement. Aussi l'officier général qui a la connoissance du pays où il fait la guerre, soit par lui-même, soit avec de bons plans, a toujours un grand avantage sur l'ennemi.

Il juge que les piquets ennemis, distants de cinq à six cents toises, ne peuvent arriver au poste qu'après sa troupe; ainsi une partie aura le temps de se placer assez avantageusement pour les arrêter, pendant que l'autre partie fera l'expédition.

Alors le général fait appeller le commandant des volontaires et un officier intelligent qu'il charge de l'exécution. Il leur fait observer la position de la batterie C, la situation des gardes, les chemins de la ville et du village qui conduisent à la batterie, et les facilités de transporter le canon par le flanc de la montagne jusqu'au pont de Lus. Il les instruit encore des précautions à prendre en cas de retraite forcée. La troupe doit faire la plus grande diligence, afin de repasser la rivière avant le jour.

### ORDRE

donné à 9 heures du soir au camp de Lus.

M. de.... lieutenant-colonel, prendra à ses ordres deux officiers de l'état-major et six cents grenadiers et chasseurs. A bas bruit il les formera en bataille hors des jardins de la ville, en trois divisions, observant le plus grand silence. Au signal qui sera donné à minuit, la troupe se portera à la batterie, la baïonnette au bout du fusil, passant de vive force sur ce qui voudroit s'opposer à sa marche.

Toutes les patrouilles au-dehors seront doublées, et, au signal donné, elles s'avanceront sur les postes de la chaîne en les fusillant et les inquiétant jusqu'au jour pour les contenir et les empêcher de découvrir la principale attaque. (1)

Le commandant des volontaires fera doubler les petites gardes au bord de la riviere; au moment de l'attaque elles fusilleront les ennemis postés sur le bord opposé. Elles feront d'avance des amas de bois sec, et on ne les allumera qu'un quart-d'heure après le signal; dès qu'il sera donné, les volontaires débarrasseront le pont de Lus et feront semblant de le vouloir passer, fusillant vivement, afin d'attirer vers le pont la plus grande partie des troupes de la batterie.

Trente chevaux d'artillerie sont envoyés au village pour être prêts à la réquisition des officiers de l'état-major.

Après l'expédition, les grenadiers et chasseurs se retireront par le pont de Lus, on le barricadera, et les mineurs se tiendront prêts pour le faire sauter au premier ordre.

(1) Pour donner le change, le général fait quelquefois faire une ou plusieurs fausses attaques, même avec plus d'appareil, pour cacher la véritable, que l'ennemi feroit bientôt échouer s'il parvenoit à la découvrir.

P

### EXÉCUTION.

Au signal donné, le commandant met sa troupe en mouvement, et fait précéder chaque division par un lieutenant et vingt hommes qui marchent trente pas en avant.

La division de gauche reçoit une volée de coups de fusils de la premiere garde postée en L; elle charge cette garde, qui se retire en désordre vers le camp. (1)

Alors l'alarme y devient générale; les patrouilles de la ville et les petites gardes sont en même temps aux prises avec les postes avancés; l'officier commandant les volontaires commence son attaque et attire de son côté la plus grande partie des troupes de la batterie C; elles viennent border les haies au bas de la montagne, et répondent de tout leur feu à celui des volontaires; il ne reste à la batterie que les soldats attachés au service des pieces, prêts à faire atteler les chevaux suivant l'événement.

Les deux divisions de la droite, arrivées sur la hauteur, entrent dans le bois poursuivant quelques patrouilles jusqu'à la batterie, dont elles s'emparent.

---

(1) Lorsqu'une garde avancée n'est pas retranchée et qu'elle est attaquée par une troupe supérieure, elle se retire sur un autre poste, dans le meilleur ordre que permet la circonstance; elle détache une ordonnance pour avertir quelques postes en arriere, ou le camp.

La troisieme division, dont la marche est un peu ralentie par la garde L, arrive peu après et se met en bataille à la rive du bois M, et fait face au camp ennemi: un capitaine avec sa compagnie se place cinquante pas en avant sur la droite à la lisiere du bois N, avec ordre de ne tirer sur ce qui vient du camp que lorsque la division M fera feu, à moins qu'il ne soit attaqué; auquel cas il tiendra ferme, et le reste de la division M doit s'avancer alors pour le soutenir: un sergent et quinze hommes, O, sont à l'entrée du ravin, et doivent fusiller ce qui viendra de ce côté.

Le commandant du détachement n'est pas plutôt maître de la batterie, qu'il fait longer les flancs de la montagne par ses deux divisions Q, jusqu'au ravin d'un côté, et jusqu'à la riviere de l'autre, pour prendre de revers les ennemis.

Le bruit qu'ils entendent à la batterie leur fait appercevoir qu'ils sont coupés; alors, ou ils mettent bas les armes, ou ils se jettent dans le ravin quand d'autres se sauvent par les bois.

Pendant cette manœuvre, un détachement d'infanterie R arrive au secours de la batterie, et est chargé par la division M N postée pour l'attendre. Les ennemis se retirent en désordre hors de la portée du fusil, et ne jugent pas à propos de revenir à la charge.

Le commandant fait renforcer la division M N par

les chasseurs; elle reste dans cette position pendant que les grenadiers s'occupent à transporter les canons; ils les traînent comme ils peuvent jusques sur le chemin, d'où les chevaux d'artillerie viennent les prendre pour leur faire passer le pont.

Afin d'accélérer le transport des pieces, les officiers mettent toute leur attention à écarter les embarras pour éviter la confusion qui regne assez ordinairement dans ces sortes d'expéditions.

L'ennemi, indécis sur le vrai point d'attaque, resté en bataille à la tête de son camp en attendant le jour.

Dès que les pieces de canon sont passées, les grenadiers mettent le feu aux abattis, dispersent les munitions qu'ils ne peuvent transporter, et tout le détachement fait sa retraite par le pont de Lus.

FIN DE L'ATTAQUE.

# PRÉCIS

## POUR SERVIR A REPRÉSENTER

## LES PLANS MILITAIRES.

# DES COULEURS
## PROPRES AU LAVIS DES PLANS,

Et de la conduite à tenir pour les employer.

---

### INTRODUCTION.

M. Buchotte a donné un Traité sur les regles du dessin et du lavis : il entre dans tous les détails de ce genre utile aux ingénieurs et aux géographes; mais il n'a pu par un discours exprimer les nuances des couleurs qui conviennent à toutes les choses qui se représentent sur un plan. Aidé de la gravure en couleur, je vais m'efforcer d'y suppléer; les renvois aux exemples mis à la fin de chaque article épargneront l'ennui des détails nécessaires pour expliquer chaque chose.

Ces exemples seront plus que suffisants pour guider tout militaire qui s'occupera de ce genre de dessin, tant pour l'utilité du service du roi, que pour son amusement particulier. Tous peintres ou dessinateurs, de quelques genres qu'ils soient, pour peu qu'ils aient l'usage de la plume et du pinceau, pourront avec ce secours, non seulement exécuter, mais guider toutes personnes qui desireroient en prendre connoissance.

En expliquant la maniere de faire chaque chose,
j'ai suivi autant qu'il m'a été possible l'ordre qu'on
doit observer dans l'exécution, afin qu'un officier
muni de quelques éléments puisse s'y perfectionner
seul, et ne pas tomber dans l'inconvénient de mettre
les couleurs à diverses reprises inutilement.

Quoique sur un plan on soit obligé d'assujettir toutes les parties à des dimensions déterminées suivant
la grandeur.de l'échelle qu'on a choisie, il est des choses sans nombre qui s'expriment à volonté, sans cependant trop s'écarter d'une espece de convention
générale.

On suppose à la vue d'un plan dessiné en couleur,
que celui qui l'a fait a rendu le terrein tel qu'il lui a
paru, étant élevé à une distance assez considérable
au-dessus de l'horison pour que toutes les parties
représentées puissent avoir ainsi diminué de grandeur. Mais si l'on étoit assez éloigné d'un objet pour
qu'il pût être représenté sur une échelle d'un pouce
pour cent toises, les couleurs paroîtroient si foibles,
qu'il seroit difficile de distinguer chaque objet.

On y supplée en exprimant chaque petite partie
avec ses couleurs, telles que nous les voyons de près,
même dans leur état le plus brillant. On peut voir
dans une chambre obscure mise sur un lieu élevé
l'effet du terrein représenté en petit; rien n'est plus

propre à donner du goût pour ce genre de dessin; la chambre obscure représente la nature comme peinte en miniature, où tous les objets élevés sont représentés en perspective et tels qu'on les voit, comme les clochers, les châteaux, les maisons, les bois, &c.

Si l'on travaille pour son amusement, plus on approchera de ce genre, plus le plan sera agréable; mais comme le genre du dessin plan est plutôt fait pour l'utilité que pour l'agrément, sans trop s'écarter de la nature, on évitera le long travail qu'entraîneroit un ouvrage trop fini.

Pour qu'un plan soit bien, il suffit qu'il exprime généralement l'idée du terrein, sur-tout un plan militaire. Celui sur lequel il n'est question que de représenter le terrein, doit être assez fini pour qu'on puisse distinguer chacune de ses parties dans le plus grand détail.

Un plan sur lequel sont représentés des ouvrages, comme projets, fortifications ou évolutions militaires, doit être légèrement dessiné, c'est-à-dire que la nature doit y être représentée dégagée de tout ce qui peut embarrasser les ouvrages ou évolutions, (comme seroient les terres labourées, les prés, &c.) on donne dans ce cas toute son attention à bien dessiner les ouvrages ou évolutions militaires.

## ARTICLE Ier.

### DU CHOIX DES COULEURS.

Les principales couleurs qui s'emploient pour exprimer les dessins militaires sont l'encre de la Chine, le carmin, la gomme gutte, le verd d'iris, le verd d'eau, le verd de vessie, le bistre et le bleu.

#### DE L'ENCRE DE LA CHINE.

Il y a trois especes d'encre de la Chine; noire, grise, et brune. La noire est à préférer pour ce genre de dessin. On peut la rendre brune en y mettant un peu de carmin. Cette encre doit être brillante pour être bonne; on le voit en l'éclatant un peu : autrement elle est contrefaite, et le lavis fait avec de mauvaise encre n'est jamais propre.

Pour mettre au trait il faut toujours se servir d'encre nouvellement délayée : de l'encre boueuse ou trop épaisse ne rend pas le trait net; d'ailleurs il s'étend lorsque le pinceau passe dessus.

Pour dessiner les bois, arbres et buissons, on peut se servir plusieurs fois de la même encre; elle devient plus noire à mesure que l'on s'en sert, et elle n'en est que meilleure.

La véritable encre de la Chine se reconnoît aussi à son odeur d'ambre.

### DU CARMIN.

Le carmin, pour être bon, doit être d'une couleur vive de rose, tirant sur le couleur de feu. On en prend un peu au bout du doigt, et le frottant sur la main on ne doit point sentir de sable. Pour l'employer, on met détremper dans un verre d'eau, gros comme une noisette de gomme arabique la plus blanche; il faut se servir de cette eau gommée pour délayer le carmin en le broyant dans une coquille avec le petit doigt.

Dès qu'on s'apperçoit qu'il ne reste plus aucune partie qui ne soit imprégnée, on le laisse sécher pour le besoin. Il faut le délayer toujours avec le petit doigt. Le carmin trop gommé ne coule pas de la plume lorsqu'on met au trait: celui qui ne l'est pas assez s'efface.

Tout carmin dépose plus ou moins; on s'en apperçoit lorsqu'il est sec: si le dépôt est trop épais, il faut le lever par petites écailles, et avec un canif on gratte légèrement ce qui se trouve dessous.

Il faut éviter d'en détremper beaucoup à la fois, parcequ'il noircit, sur-tout si on le délaie souvent.

### DE LA GOMME GUTTE.

La gomme gutte, pour être bonne, doit être friable, couleur sourcil de hanneton, et sans gravier. Cette couleur se délaie dans l'eau commune; on la fait plus ou moins épaisse suivant le besoin.

### DU VERD DE VESSIE.

Le verd de vessie doit être net, brillant, d'un verd
tirant sur le noir; on délaie cette couleur dans l'eau
pour s'en servir : lorsqu'il est d'un verd tirant sur le
jaune, il faut y mêler un peu de verd d'eau liquide;
il lui donne plus de brillant.

### DU VERD D'IRIS.

Le verd d'iris se vend en coquilles; il est moins
gras que le verd d'eau mêlé avec de la gomme gutte :
on s'en sert pour exprimer les teintes des bois, des
jardins et terrasses des cartouches en paysages. On
peut le mélanger avec du bleu, du jaune et du blanc
de plomb, pour faire différentes nuances.

### DU VERD D'EAU.

Cette couleur se vend liquide. Si elle est trop foible, il faut la faire épaissir en la laissant sécher au
soleil, ou sur la cendre chaude; lorsqu'elle est trop
épaisse, on l'affoiblit avec de l'eau. Cette couleur,
pour être belle, doit être d'un beau bleu clair, tirant
sur la couleur d'eau lorsque le ciel dégagé de vapeurs
s'y réfléchit. Le meilleur verd d'eau se vend chez les
marchands de couleurs, rue Gréneta, à Paris.

### DU BLEU.

On choisit du bleu de Prusse, le plus léger et le
plus vif : on le fait broyer sur un marbre avec de l'eau
gommée un peu plus épaisse que celle dont on se

sert pour détremper le carmin. On verra s'il est assez broyé, lorsqu'en en délayant sur le papier avec un peu d'eau et un pinceau; on n'apperçoit pas le moindre petit grain de sable; d'ailleurs, plus il est broyé, meilleur il est. On le laisse sécher, et on le délaie avec le petit doigt toutes les fois qu'on veut s'en servir.

Le bleu en bâton du sieur la Fosse, à Paris, remplit cet objet: on le délaie comme l'encre de la Chine. Son bleu en pastille sert à faire un verd noir en le mêlant avec de la gomme gutte : il est plus sec et plus aisé pour le travail de la plume.

DU BISTRE.

Le bistre est une couleur d'un brun roux; il porte sa gomme; on le délaie dans l'eau pour s'en servir; en y joignant un peu de carmin il est plus brillant.

On se sert, au lieu de bistre d'encre de la Chine, dans laquelle on met un peu de carmin; on y joint encore, si l'on veut, un peu de gomme gutte.

# ARTICLE II.

## PRÉPARATION.

Un plan étant rapporté d'après des dimensions prises sur le terrein, ou à volonté, soit qu'on dessine sur le papier où le plan est rapporté, soit qu'on le calque à la vitre, ou aux carreaux, il faut pour dessiner proprement qu'il soit légèrement tracé au crayon.

### CALQUER UN PLAN.

On calque un plan de plusieurs manieres. La plus exacte et la plus simple est de mettre le plan que l'on veut copier sous le papier sur lequel on veut dessiner : on le présente sur une vitre, ou sur un verre blanc mis en chassis, et l'on trace légèrement au crayon tout ce qui paroît essentiel pour reconnoître le plan, comme chemins, rivieres, maisons, contours des bois, &c. On marque seulement quelques points sur la crête des ravins, pour en déterminer les contours : on fait de même pour indiquer les sommets des montagnes. Il suffit de voir leur emplacement, le reste se fait au coup d'œil.

Un plan est quelquefois collé sur toile : pour lors il faut choisir du papier à la serpente, le plus transparent et le plus sec; on l'applique sur le plan, et on dessine à travers le plus exactement possible. C'est le plus court moyen d'avoir copie d'un plan.

### COLLER LE PAPIER SUR TOILE.

Si l'on veut mettre son plan sur de la toile, il faut coller le papier avant de dessiner le plan; alors on étend la toile sur une table neuve, ou sur une planche très propre, en clouant les extrémités de la toile que l'on tend le plus qu'il est possible; puis avec une

brosse et de la colle légere, faite d'amidon, on enduit
le papier; on le prend ensuite par les extrémités, et
on le pose par le milieu sur la toile : on prend une
feuille de papier mince que l'on applique dessus; on
glisse la main sur le tout, en allant toujours du centre
vers les extrémités du papier. (On se sert de toile à
fil plat, ou de vieille toile, parcequ'elles sont plus
unies.) Puis on laisse sécher le papier dans cette position.

Lorsqu'il y a plusieurs feuilles de papier, on les
coupe bien également, et on les colle l'une après
l'autre. Il faut toujours que les feuilles du bas couvrent celles du haut, et que celles de droite couvrent
celles de gauche, autrement l'épaisseur du papier
formeroit une petite ombre désagréable; et, malgré
cette précaution, il faut encore amincir les bords de
la feuille qui couvre l'autre, pour qu'elle fasse moins
d'épaisseur : on les amincit quelquefois toutes les
deux lorsque le papier est trop épais.

Sur du papier ainsi préparé, on copie un plan en le
partageant par carreaux légèrement tracés au crayon;
on fait également des carreaux sur le papier : on dessine à vue, ou avec une échelle et un compas, tout
ce qui se trouve dans chaque carreau sur le brouillon
ou modele.

On peut calquer dans ce cas d'une autre maniere

en frottant une feuille de papier mince avec de la poussiere de mine de plomb fine : on applique le côté du crayon au papier sur lequel on veut dessiner, puis on met son brouillon par dessus; alors avec une pointe d'ivoire ou de cuivre on passe sur tous les traits, et le plan se trouve tracé au crayon. Si les deux papiers sont minces et la pointe fine, les traits sont très légers et sont mieux. Un brouillon ne peut servir de cette maniere qu'une fois ou deux, parceque la pointe le coupe toujours un peu.

Si l'on colle sur toile plusieurs feuilles de papier, on évite de coller les bords de la feuille qui recouvre, parceque la colle d'amidon n'étant pas assez forte, ils se levent dès qu'on met la plus légere teinte sur le plan. On attache ensuite les bords avec de la colle à bouche, la plus blanche et la plus claire.

Veut-on conserver les couleurs d'un plan dans toute leur vivacité? il faut l'encadrer sous un verre blanc, et éviter de l'exposer au soleil. On le colle non seulement sur une toile claire, mais on a soin que la colle soit assez forte pour que la toile sur laquelle on colle le papier s'attache sur un carton fort et bien uni.

On dessine le plan sur le papier ainsi préparé, puis on colle le verre blanc tout autour avec le carton ; le plan reste toujours dans le même état et ne fait aucun pli, comme lorsque le papier est simple, ou collé seulement sur de la toile. Il est difficile de dessiner sur du papier ainsi préparé.

On copie encore un plan en le piquant avec une aiguille très fine. Cette méthode est bonne pour l'architecture civile et militaire; on reconnoît les points en traçant légèrement au crayon, ensuite on met au trait.

## ARTICLE III.

### METTRE UN PLAN AU TRAIT.

C'est tracer avec la plume les contours des masses de toutes les parties qui composent le plan, avec les couleurs qui y sont propres, ou avec lesquelles on les exprime. On se sert de plumes de corbeau et de bouts d'ailes, parcequ'elles sont plus dures que les autres: on les taille de maniere que les deux côtés du bec soient parfaitement égaux, et par un coup de canif qui se donne perpendiculairement sur la plume.

Lorsqu'on met au trait avec du carmin, comme cette couleur est transparente, on efface le crayon le plus qu'il est possible, autrement le carmin paroîtroit noir. On se sert pour cet effet de mie de pain blanc rassis, ou de raclure de peau blanche de mouton, qu'on trouve chez les fabriquants de gants. La gom-

c

me élastique d'Amérique est encore bonne, mais il
ne faut s'en servir que pour de petites parties.

Lorsque le crayon est marqué très fort, la poussiere forme au bout de la plume une crasse qui fait
paroître le trait inégal. Le premier trait d'un plan est
toujours un trait fin ; les gros traits ne se mettent que
lorsque le plan est presque fini.

Aux ouvrages fortifiés, le trait magistral, qui est
le trait extérieur du rempart d'une place, et ceux des
parapets, sont toujours gros ; on les trace les premiers.

Un plan étant esquissé au crayon, prêt à mettre
au trait, on commence toujours par le bas, pour ne
pas effacer le crayon d'un côté pendant qu'on met au
trait de l'autre. Tous ouvrages fortifiés en terre, ou
gazonnés, se tracent à l'encre de la Chine ; les parapets s'expriment avec deux gros traits, et tous les taluts au trait fin.

(Pl. I, F. O.) Le plan d'un bâtiment s'exprime de
plusieurs manieres ; on le suppose coupé à deux pieds
au-dessus du niveau du terrein, et on trace sur le
plan toutes les lignes que forment les murs ou cloi-
sons. On y détaille les portes, fenêtres, escaliers, &c.

Si le plan est sur une trop petite échelle pour pouvoir exprimer les détails de l'intérieur des maisons,
comme seroit un plan sur une échelle d'un pouce

pour cent toises, on ne marque que les contours, par
un trait fin, avec du carmin apprêté comme il est dit
ci-dessus.

On représente encore les bâtiments en élévation:
on éleve sur le plan du bâtiment les profils, et on y
marque tout ce qui peut être vu de la base ; alors
l'objet est représenté tel qu'il paroîtroit vu d'un lieu
élevé.

On nomme cette maniere de représenter les objets, PERSPECTIVE MILITAIRE, OU CAVALIERE : ( on peut
voir Pl. I, F. 12, 13 et 18, comme elle se construit.)
L'objet y est représenté, sans que ses dimensions diminuent.

Tout ce qui est maçonnerie s'exprime généralement avec du carmin, soit villes, villages, maisons
particulieres, ponts, digues, murs ou terrasses.

La maçonnerie élevée en perspective cavaliere se
met au trait avec de l'encre de la Chine.

On distingue sur le plan les objets élevés, par des
ombres ; ces ombres servent aussi à faire connoître les
objets creux.

Lorsqu'on veut avoir la hauteur des objets que
représente un plan, on y joint des profils particuliers
où toutes les dimensions sont exprimées.

Dans le paysage plan, la regle générale est de faire
venir le jour de gauche à droite. On suppose qu'il

fait un angle de 45 degrés sur l'horizon et sur la base du plan. Il ne faut dessiner que quelques plans pour être au fait de cette convention. On pourra s'en instruire plus particulièrement dans un ouvrage qui a pour titre, « La science des ombres, par M. DUPIN l'aîné » : il se vend à Paris, chez JOMBERT jeune, rue Dauphine.

Les bâtiments et ponts construits en bois, les palissades et barrieres, doivent être tracés à l'encre de la Chine, ainsi que les grillages en fer et en bois, les canons de fer ou de bronze.

Quand il se trouve des tuyaux de terre cuite ou des canaux souterrains, (Pl. I, F. 12,) on les pointille au carmin lorsque le plan est fini. Si ce sont des tuyaux de fer, de plomb ou de bois, on les pointille à l'encre de la Chine avec deux lignes; en suivant tous les lieux par où ils passent. S'il se trouve des canaux ou tuyaux de plusieurs especes sur le même plan, on les distingue, en mettant, si c'est du fer, une petite teinte bleue entre les deux lignes; pour du plomb, on ne remplit que la moitié de l'espace; si c'est du bois, on met une petite teinte de bois très claire entre les deux lignes : d'ailleurs on indique ces détails par des renvois sur l'explication du plan.

Les voûtes, les communications, les galeries des mines en maçonnerie, s'expriment aussi avec des

lignes ponctuées. Les communications souterraines
en bois, ou galeries de mines, se ponctuent à l'encre.

Les ouvrages projetés se tracent à l'encre, et se
lavent en jaune (Pl. 7). Le plan de tous ouvrages
ruinés, en maçonnerie, s'exprime comme s'ils exis-
toient, avec cette différence qu'on pointille les contours; si les débris existent, on les exprime (Pl. 4;)
comme les environs du cimetiere.

Si l'on veut exprimer les breches faites par le canon, ou les débris des ouvrages de fortification, on
les fait de même que ceux des carrieres. (Voyez celle
qui est au pied du château de Roche, Pl. 6.)

Les débris que forme l'excavation des mines et
des ouvrages fortifiés en terre se marquent aussi avec
des lignes ponctuées à l'encre, à moins que l'échelle
ne soit pas assez grande; pour lors on les exprimeroit
comme ci-dessus.

Les camps se tracent à l'encre de la Chine; s'il y
a sur le même plan plusieurs camps à exprimer, ou
plusieurs manœuvres, on les distingue par différentes teintes plus ou moins fortes, quelquefois par différentes couleurs.

Le camp ou le mouvement principal est toujours
mis au trait noir, et lavé avec la teinte la plus forte;
les autres mouvements se mettent au trait fin, pointillés et lavés avec des teintes foibles, ou de plusieurs

couleurs, afin de distinguer les différentes troupes qui manœuvrent sur un champ de bataille. (Pl. 8.)

Les chemins, rivieres, étangs, marais, se tracent avec une couleur de terre d'un brun roux. Cette couleur est composée de carmin, de gomme gutte, et d'un peu d'encre de la Chine. On laisse sécher ce mélange dans une coquille pour s'en servir au besoin; alors on en délaie un peu avec de l'eau : il faut qu'elle soit foible et le trait fin.

Tous ces traits se font à la main : on fait ceux des rivieres un peu tortueux.

Lorsqu'il se trouve des bancs de sable sur les bords des rivieres, on ponctue légèrement le bord de l'eau avec une couleur aurore : elle se compose avec du carmin et de la gomme gutte. (Voyez les gués, Pl. 3, 5 et 9.)

Lorsque les chaussées sont droites et bien relevées, on les met au trait avec la regle, en couleur de terre, et on fait un petit talut le long du trait. Lorsque les chaussées sont pavées, pour les distinguer des autres on les trace quelquefois avec du carmin.

Les fossés qui bordent les chemins, les bois, remises, clos, &c. se mettent au trait en couleur de terre. Lorsque le plan est sur une grande échelle, on exprime les taluts; mais sur une petite échelle, deux traits suffisent. On tire ces lignes avec une regle lors-

que les fossés sont nouvellement faits, ou bien entre-
tenus; autrement on les met à la main.

On marque par quelques points la crête des ravins, les sommets des montagnes, les carrieres, le
contour des bois et des bosquets, les allées dans les
bois, les charmilles et les haies.

Les jardinages se font de différentes manieres: on
forme des quarrés, rectangles, losanges, &c., la plu-
part séparés par de petites allées. On peut mettre au
trait à la regle les côtés de l'ombre, autrement on
pointille le tout.

Les plates-bandes dans les jardins, les pieces de
gazon, les buis, se ponctuent légèrement avec de
l'encre de la Chine pâle, ou de la couleur de terre..

On esquisse les contours des rochers avec la même couleur, pour marquer à-peu-près leur espece
et leur forme.

La séparation des prés d'avec les terres se fait aussi
avec une ligne fine de la même couleur.

Les marais s'expriment par une infinité de petites
lignes paralleles engagées l'une dans l'autre, de maniere qu'il reste des places vuides plus ou moins larges, où l'on insinue de la couleur d'eau: ils se font
à volonté; on leur donne la forme la plus agréable,
parceque plus ou moins d'eau fait changer la surface
d'un moment à l'autre. Il y en a de plusieurs especes:

on copie la nature, et l'on tâche d'approcher le plus près du vraisemblable. (Voyez Pl. 2, 5, 6 et 7.)

Il faut marquer, sur les bords de la mer, les contours des dunes et des galets avec des points roux, pour déterminer leur emplacement; ces choses se finissent plus ou moins suivant le temps et le soin qu'on y veut mettre. (Voyez Pl. 8.)

Avec une ligne de couleur d'eau adoucie, on marque le reflux de la mer; on agit de même pour exprimer une inondation. (Voyez Pl. 6.)

Lorsqu'on aura fait quelques faux traits ou quelques taches, on effacera avec un petit grattoir très légèrement, ou avec une éponge fine et de l'eau; et lorsque le papier sera sec, on passera sur l'endroit effacé de la raclure de la peau avec laquelle on fait les gants blancs, puis avec le dessus de l'ongle on unira le papier; on peut ensuite laver sans faire de tache, avec cette précaution qu'il faut toujours mettre de l'eau avant la couleur.

## ARTICLE IV.

### DU LAVIS.

Toutes les parties d'un plan étant mises au trait, on passera de la mie de pain rassis, ou de la raclure de peau, pour effacer le crayon; puis on commencera par faire les ravins, les berges, les taluts. Toutes ces choses se font avec de la couleur de terre composée, (comme il est dit ci-devant,) plus ou moins brune, suivant la qualité du terrein qu'on représente. On met cette couleur tirant plutôt sur le roux que sur le noir, parceque les teintes vertes qu'on passe par-dessus noircissent toujours un peu.

### DU LAVIS DES RAVINS.

Il faut mettre de l'eau avec un pinceau, pour imbiber le papier, sur toute la partie du ravin qu'on veut laver : toute l'adresse consiste à n'en pas trop mettre. Alors avec un petit pinceau chargé de couleur de terre on suit en tremblant la crête du ravin, de manière qu'une partie de la couleur soit à sec sur le papier, et l'autre sur la partie mouillée : puis avec le pinceau à l'eau on adoucit la couleur de la crête du ravin en bas. Il faut suivre exactement les sinuosités que forme l'éboulement des terres, et mettre cette premiere teinte légere. Dans les ravins qui laissent assez d'espace, on adoucit en hachant avec le pinceau à l'eau à demi sec.

Lorsque tous les ravins sont ainsi adoucis en teinte pâle, on repasse par-tout quelques petites hachures de la même couleur, un peu plus forte : dans les pentes qui se trouvent dans l'ombre, les hachures

D

se font avec une teinte plus brune, et on adoucit en hachant avec le pinceau à demi sec.

Les trous, les berges le long des rivieres, les éboulements des carrieres, se font de même.

### DES TALUTS.

Les taluts de la fortification en terre ou gazonnés, qui sont du côté de l'ombre seulement, se font avec une teinte d'encre de là Chine, adoucie du haut du talut en bas; on y met ensuite (comme sur ceux qui sont au jour) une teinte de verd clair adoucie du haut en bas.

Les taluts de la fortification passagere se font en couleur de terre adoucie de même de haut en bas, et avec une couleur plus forte du côté de l'ombre.

On peut laver tous les ouvrages de la fortification passagere en jaune, sur-tout s'ils ne sont que pro-jetés ou construits pour le moment.

Il faut aussi ponctuer les camps qui ont existé, pour marquer léur position, de même que les retran-chements : on les lave en jaune, ou en couleur de terre. (Pl. 9.)

Les taluts des chaussées, les ressauts dans les ter-res, se lavent avec la même couleur. On peut mettre la couleur d'une seule fois assez forte, et exprimer l'ombre et le jour : mais le lavis sera plus uni et plus beau, en y repassant plusieurs fois.

Les parapets des fortifications, soit en maçonnerie, soit en terre, s'adoucissent en talut, lorsqu'ils
passent la largeur d'une ligne ; mais lorsqu'ils sont
d'une ligne et au-dessous, on met une teinte pleine
entre les deux gros traits qui forment l'épaisseur du
parapet. Cette teinte est d'un noir tirant sur le roux,
composée d'encre de la Chine et d'un peu de carmin.

Il faut que tous les parapets et traverses sur le
même plan soient de la même teinte. Si les deux côtés des parapets sont revêtus en maçonnerie, la teinte
de parapet doit être de carmin un peu rembruni.
Ordinairement ces sortes de parapets sont étroits et
remplis des débris de pierres de taille qui ont servi
à construire le revêtement ; quelquefois ils sont de
maçonnerie pleine.

Le long des rivieres les terres s'éboulent plus ou
moins. Lorsque ces éboulements sont larges et escarpés, on les nomme berges ; et ces berges s'expriment comme les ravins.

### DES BERGES.

Lorsque les berges sont trop étroites, on marque
les bords de l'eau avec une teinte de terre rousse ; on
en met un petit bandeau de chaque côté avec un pinceau ; on la fait très pâle sur le côté du jour, et forte
du côté de l'ombre.

On met de même un gros trait aux chemins creux

dans les terres, lorsqu'ils ne sont pas assez profonds pour être bordés de ravins; le contraire aux chemins ferrés, qui, sans être relevés en chaussées, sont cependant plus hauts que les terres.

Il faut mettre de même un gros trait aux marais, sur les bords de l'eau dans l'ombre; et on laisse les côtés du jour au trait fin, parceque les marais sont dessinés comme vus en perspective.

On fait quelquefois de même pour les rivieres, ruisseaux et étangs.

### DES MONTAGNES.

Les montagnes s'expriment avec une couleur de terre brune, tirant sur le roux. Pour qu'elle soit facile à adoucir, il faut qu'elle soit faite quelques jours d'avance, qu'elle ait séché; ensuite on la délaie avec le bout du doigt; on met dans un godet ce qu'il en faut pour faire le plan, afin d'avoir la même teinte; il faut délayer le tout à la fois, et la remuer de temps à autre avec le pinceau, parceque le carmin qui en fait partie dépose, et alors la couleur change: ce qu'il est bon d'éviter.

Sur les grandes cartes, on observe les différentes nuances de la campagne. Telle partie présente un terrein noirâtre, telle autre chargé de sable, quelquefois de terre rouge ou argilleuse. Lorsqu'on exprime la nature du pays telle qu'elle est, sur une échelle

assez grande, on fait attention à toutes ces diffé-
rences.

Pour faire les montagnes, on commence par mettre de l'eau sur tout l'emplacement, avec l'attention
de n'en pas mettre sur les chemins, qui doivent toujours rester blancs. Il faut que le papier soit assez imbibé d'eau pour qu'on puisse avoir le temps d'adoucir la couleur. On seche un peu l'eau sur le sommet
des montagnes, le papier restant assez humide pour
que la couleur ne tranche pas : il ne faut pas non plus
qu'il y ait trop d'eau, ce qui noieroit la couleur et
feroit un mauvais effet.

On met de la couleur le long des points qui marquent le sommet ; puis avec un pinceau sec, tout prêt
pour cet effet, on adoucit en donnant plusieurs coups
du sommet de la montagne vers le bas. On ne donne
qu'un coup de pinceau à la même place, et on suit
le long de la montagne jusqu'à ce qu'on ait passé sur
toute la place qu'on veut adoucir. On repasse plusieurs fois le pinceau sec jusqu'à ce que la montagne
soit bien adoucie.

Cette maniere de les faire est très expéditive, et
fait un très bel effet lorsque les hachures que forment
les poils du pinceau ne se croisent pas.

Lorsque quelques parties du papier sechent trop
promptement, la couleur ne s'adoucit pas bien ; pour

y remédier, on doit prendre sur le champ le pinceau à l'eau à demi mouillé, et à petits coups faire adoucir la couleur.

On esquisse ainsi avec une teinte légere toutes les montagnes du plan; ensuite on repasse, une, deux, et même trois fois, sur chaque montagne, suivant sa hauteur.

Les petites élévations qu'on nomme rideaux s'expriment avec une teinte légere; il suffit qu'on puisse la distinguer du fond : on fait toujours le côté de l'ombre plus fort que celui qui est au jour : on se sert pour cet effet d'une teinte plus forte tirant sur le noir. Les côtés des hautes montagnes qui sont dans l'ombre doivent toujours être forts, pour les faire ressortir sur le plan. (Voyez Pl. 8.) Il suffit de jeter un coup d'œil sur les planches pour être au fait.

### DES ROCHERS.

On met les ombres aux galets, pierrailles et rochers, avec différentes couleurs de terres rougeâtres plus ou moins brunes, suivant que l'on veut faire saillir les pierres ou masses de rochers. Les rochers s'expriment de différentes manieres, soit en plan, ou en élévation; on les fait aussi renversés. L'on ne peut donner aucune regle sur cet objet : c'est le jeu des ombres et des jours ménagés, des crevasses ou fentes, que l'on exprime; et les couleurs variées qu'on y met les rendent plus ou moins agréables. Quant à la forme en général, il faut rendre l'effet de la perspective en imitant la nature.

Le long des côtes dans les ports de mer, lorsqu'il se trouve des rochers qui sont à découvert de temps à autre, à cause du flux et reflux, on les dessine à l'encre de la Chine, mêlée d'un peu de bleu : on peut mettre un renvoi qui indique la hauteur du rocher au-dessus de la basse mer. Ceux qui sont sous l'eau, et qu'on ne voit jamais, se pointillent au carmin, avec un renvoi qui indique leur distance depuis le sommet jusqu'au niveau de l'eau ; il les faut laver simplement à l'encre de la Chine : on indique leur contour par une ligne ponctuée. (Voyez les différentes especes des rochers, Pl. 3, 6, 8, 9 et 10.)

DES DUNES ET DES SABLES.

Les dunes, les monticules de sables, se font dans le goût des montagnes, mais avec une couleur aurore faite de carmin et de gomme gutte. Les dunes se représentent en perspective, ou élévation ; et les côtés de l'ombre se font avec une seconde teinte dans laquelle on a mêlé un peu d'encre de la Chine. On pointille ensuite ces teintes en couleur de sable, pour les rendre plus agréables. (Pl. 8.)

Les parties de sables qui bordent les rivieres, ou les bancs, se lavent avec la même couleur, plus forte près de l'eau; et on pointille ensuite avec une teinte encore plus forte, en faisant les points plus écartés et plus légers à mesure qu'on s'éloigne de la riviere. (Voyez Pl. 3, sur le gué.)

Lorsque des montagnes, dunes, ravins, taluts, &c. se trouvent lavés d'une teinte trop forte, on passe le pinceau mouillé dessus, et par ce moyen on emporte un peu de la couleur : on peut l'adoucir avec de la mie de pain rassis, ou de la peau : on peut encore, lorsque la teinte est humide, appliquer dessus un papier brouillard; on le couvre de papier blanc, et appuyant par-dessus, le papier brouillard emporte la plus grande partie de la teinte. On repasse, lorsque le papier est sec, une petite teinte légere en hachant, et la montagne fait un très bel effet.

On met ensuite les teintes de fond.

# ARTICLE V.

## LAVIS DES TEINTES DE FOND.

On fait une teinte d'un beau verd de pré avec du verd d'eau et de la gomme gutte. Il ne faut pas qu'elle soit trop forte, parcequ'en séchant elle durcit encore. On peut l'essayer sur un morceau de papier, et au bout d'un quart d'heure on en voit l'effet; un peu d'eau l'affoiblit.

### TEINTE DE FOND DES TERRES.

On fait une couleur aurore tirant sur le rouge avec de la gomme gutte et du carmin. Ces deux couleurs ainsi préparées servent à faire les fonds des terres labourées, friches, vignes, landes ou bruyeres. On met de l'eau sur toute la partie qu'on veut laver, et lorsque le papier est imbibé, on met le verd avec un petit pinceau, en le promenant par un mouvement tremblé parallèlement à la base du plan. Dans les intervalles on insinue de la couleur aurore ; on fond ces couleurs ensemble, en passant un pinceau à demi mouillé entre deux ; il faut avoir l'attention de ne point passer une couleur sur l'autre, parcequ'elles se ternissent réciproquement. Ensuite avec un pinceau à demi sec on emporte de la couleur tout ce qu'il est possible, de sorte que le papier reste légèrement coloré. On laisse le verd un peu plus fort le long des ruisseaux, des haies, des lisieres de bois, enfin des endroits où il y a plus d'humidité.

Sur le sommet des montagnes on met plus de roux que de verd ; le verd doit être très léger. Sur les pentes on ne met que de la teinte verte, et rarement du roux, parceque la teinte de montagne y supplée.

### DES VERGERS ET GAZONS.

Dans les vergers on met aussi une teinte de verd

E

pré, tirant un peu sur le jaune et très légere, afin que les arbres que l'on y place ressortent mieux.

Dans les jardins, les gazons se lavent en verd de pré. Comme ces parties de gazons ne sont jamais bien grandes, on met la teinte uniment.

Dans les plans militaires, les teintes de fond se font plus fortes, parcequ'on n'y laboure point les terres, et qu'on y charge moins la campagne. (Voyez Pl. 8.)

Lorsque les couleurs sont seches, et que les teintes de fond paroissent un peu dures ou trop chargées, on passe généralement de l'eau sur toute la teinte avec un gros pinceau; puis avec le même pinceau un peu sec, on emporte cette eau qui s'est imprégnée des couleurs, et la teinte reste alors bien moins dure.

### DES PRÉS.

Les prés se lavent avec une teinte d'un beau verd mise uniment; lorsqu'il y a de grandes parties, vers le milieu on y insinue un peu de roux. Les prés doivent être lavés très légèrement. On met la teinte de prés un peu plus forte le long des eaux, des bois, des haies, murs, taluts, enfin dans tous les endroits où l'eau séjourne.

### DES BRUYERES ET DES FRICHES.

Les teintes des bruyeres se font comme pour les terres; on y fait ensuite de petites hauteurs ou monticules couleur de roux, de jaune, de bleu et de différents verds, en les adoucissant d'un côté. Les teintes de friches se font de même, mais moins chargées.

### DES BOIS.

Les teintes de bois se font avec un verd noir tirant sur le jaune. On les compose avec du verd de vessie ou d'iris, détrempé dans l'eau commune, et on y ajoute un peu de verd d'eau ou de bleu.

On prépare une couleur rousse tirant sur le rouge, composée de carmin, d'encre de la Chine, et d'un peu de gomme gutte.

On se sert aussi de couleur de sable, de pré, de jaune et de bleu.

Il faut mouiller le papier légèrement avec le pinceau à l'eau dans tout l'emplacement du bois, puis on met un bandeau du premier verd le long de la lisiere du bois; on adoucit ce bandeau vers le centre, observant de mettre la couleur plus foible du côté du jour; on donne ensuite quelques coups de pinceau de ce même verd, par places, dans l'étendue du bois. Lorsque cette couleur est seche, on fait, avec le roux, de petits monticules adoucis vers le bas, de place en place, observant de ne pas trop les multiplier. Cette couleur exprime les amas de feuilles mortes qui se trouvent par places dans le bois. Sur les endroits bas, on met un peu de verd de pré ; sur les pentes des montagnes, on adoucit le verd de bois, en hachant du haut en bas.

Sur le sommet des montagnes, on met plus de roux que de verd, en y mélangeant quelquefois du jaune et du bleu, lorsqu'il s'y trouve des pierrailles ou des friches.

Dans les bois marécageux, on pose par places de petites lignes d'eau plus ou moins fortes. Ces lignes se mettent, comme celles des marais, paralleles à la base du plan, à moins que ce ne soit quelques sources ou ruisseaux dont on veut exprimer le cours. Sur les lignes d'eau, on plantera les tiges des arbres ; de même sur les petits monticules de couleur rousse ou verte. (Voyez Pl. 1, près la cense du bois ; Pl. 3, vis-à-vis le moulin Saint-Leu ; et Pl. 8, au marais de Lille.)

Les teintes de fond de sapin se font comme celles des terres, mais un peu plus dures. On fait la même teinte pour les bois dans lesquels il n'y a aucun buisson ; et sur les teintes de fond, on peut pointiller de l'herbe très légèrement.

La teinte de fond des bosquets se fait comme celle des bois ; on met quelquefois sur les côtés de l'ombre une petite teinte d'encre de la Chine que l'on adoucit vers le milieu. Cette teinte rend le verd un peu plus noir; elle fait ressortir davantage les allées, qui doivent toujours rester blanches.

Lorsque les bosquets sont bordés de charmilles, elles forment les ombres; alors on ne met que des teintes légeres dans les milieux.

Ces teintes sont un mélange de verd et de roux. On met dans le verd fait pour les teintes des bois, un peu de verd d'eau pour le rendre un peu plus vif. Si les bosquets sont des taillis, on les exprime comme les taillis; s'ils sont en grands bois, on les exprime comme les grands bois. (Voyez Pl. 1, F. 12.)

### DES EAUX.

On lave les eaux d'un plan avec de la couleur d'eau un peu forte : on humecte uniment avec le pinceau à l'eau tous les endroits où il doit y avoir de la couleur d'eau, puis avec un pinceau on y met un filet de verd d'eau de chaque côté de la riviere, qu'on adoucit vers le centre, qui doit rester du blanc du papier. On met ce filet moins fort sur les bords qui sont exposés au jour.

Dans les fossés des châteaux, forts, bourgs et villes fortifiées, on met la couleur d'eau forte le long de l'escarpe, et très foible sur les contrescarpes; c'est une convention qui se suit généralement.

Quelques dessinateurs mettent des ombres à l'encre de la Chine dans les fossés des fortifications, avant d'y mettre la couleur d'eau : cette méthode noircit les couleurs, et on n'en doit faire usage que dans les plans de fortification élevés en perspective militaire. On observe qu'à la longue le verd d'eau adouci ou mêlé avec l'encre de la Chine devient d'un roux sale : c'est pourquoi il vaut mieux laver cette couleur seule, ou se servir de bleu.

Lorsqu'un plan est lavé à l'encre de la Chine rousse, pour mieux distinguer les eaux on les lave en bleu. Cette maniere est plus expéditive que de les onduler comme la gravure les exprime ordinairement.

Dans les parties d'eau qui se trouvent plus larges qu'un pouce, au lieu d'humecter le papier avec de l'eau, on se sert d'une teinte de verd d'eau, si légere, qu'à peine differe-t-elle de l'eau en apparence ; comme cette couleur durcit en séchant, elle est toujours assez forte : on met ensuite un bandeau de couleur d'eau, qu'on adoucit comme il est dit ci-devant.

Dans les petits ruisseaux, ou parties d'eau trop étroites pour pouvoir adoucir le verd d'eau, on met un petit filet de verd d'eau, soit au pinceau, ou à la plume, du côté de l'ombre le long du gros trait ; l'autre côté du ruisseau reste du blanc du papier.

On indique le cours par une petite fleche dont la pointe est tournée vers la pente. Lorsqu'on est maître de la disposition d'un plan, on fait en sorte que la pente des eaux vienne du haut du plan vers le bas, ou de la gauche vers la droite.

Dans les marais, on met de petits filets de verd d'eau un peu fort le long du gros trait, on adoucit vers le côté opposé qui reste presque du blanc du papier. Lorsque cette couleur est seche, on repasse de place en place, sur-tout dans les grandes parties, de petits filets de couleur parallèlement aux gros traits.

Quelques dessinateurs ondulent les rivieres avec du verd d'eau, comme elles sont exprimées sur les plans gravés; mais cette méthode est trop longue: d'ailleurs les ondulations, qui doivent être fortes dans l'ombre, s'écaillent au bout de quelque temps, ou rongent le papier; ce qui fait très mauvais effet.

Lorsqu'il se trouve des chûtes d'eau que l'on veut exprimer, comme ressauts, ou cascades, soit qu'elles tombent des rochers, soit de quelques digues ou ouvrages en maçonnerie, on dessine la chûte avec une teinte d'encre de la Chine rousse, ou mêlée avec un peu de carmin; ensuite on enlumine cette couleur (qui ne sert qu'à former des ombres) avec un peu de verd d'eau ou de bleu.

On exprime quelquefois de la même maniere les torrents qui tombent des montagnes.

Lorsqu'il se trouve sur le même plan des fontai-

nes chaudes, on lave les eaux en bleu pour les distinguer des autres, et on l'indique sur l'explication
du plan.

On lave les eaux des rivieres, étangs, &c. avant de
faire les arbres ou buissons qui sont sur leurs bords.

### DES MAÇONNERIES.

On exprime la maçonnerie sur un plan, avec du
carmin, lavé de plusieurs manieres. La plus simple
est de mettre une teinte pâle dans les masses ou isles
de maisons; on y met ensuite un petit bandeau du
côté de l'ombre, avec de la même couleur trois fois
aussi forte que la premiere.

Lorsqu'on représente le plan d'une ville sur une
grande échelle, on met les teintes très légeres; et
généralement toutes les couleurs d'un plan lavé sur
une grande échelle, comme pourroit être celle de
trois pouces pour cent toises et au-dessus, doivent
être tendres. Sur une petite échelle, on doit tenir les
couleurs des parties saillantes, comme villes, maisons, &c. beaucoup plus vives, afin qu'on les distingue aisément du fond.

Les villes ou masses de maisons sur une grande
échelle se lavent en carmin adouci. On met une
teinte le long des traits du côté de l'ombre, puis on
l'adoucit vers les côtés du jour.

Lorsque l'échelle est petite, comme seroit celle

de six lignes pour cent toises et au-dessous, on exprime la maçonnerie en carmin adouci, et on pointille à la plume sur la couleur, avec une teinte plus forte, de la même maniere que les sables.

Dans tous les cas où l'on mettra le carmin un peu vif, il faut avoir attention qu'il ne le soit pas trop, parcequ'il noircit. La même chose arrive lorsque les gros traits qui marquent les côtés de l'ombre sont trop chargés.

DES ÉDIFICES OU PRINCIPAUX BÂTIMENTS.

Sur le plan particulier d'une ville, d'un bourg, ou village, on distingue presque toujours les principaux édifices avec une teinte plus forte, comme églises, couvents, arsenaux, magasins à poudre, logements des troupes, hôtels ou maisons considérables.

Ces édifices se marquent aussi en bleu, ou en couleur de tuile : on exprime les toits, suivant l'espace qu'ils occupent, comme on les voit par-dessus. Il y en a plusieurs exemples sur les planches.

Rien n'est plus propre à exprimer la couleur de tuiles, que le carmin brûlé ; autrement on mêle un peu d'encre de la Chine dans du carmin, ce qui fait à-peu-près le même effet.

Dans les grandes cartes, on exprime quelquefois en élévation les villes, bourgs, villages, hameaux, châteaux, moulins à vent, censes ou maisons parti-

culieres: on les met toujours au trait fin avec de l'encre de la Chine, puis on les enlumine des couleurs
qui leur sont propres. Les chaumieres ou maisons
qui sont couvertes de paille s'expriment avec du
jaune. On voit (Pl. 9 et 10,) que cette variété produit
un effet très agréable, sur-tout si les teintes qui expriment la campagne sont légeres et bien nuancées.

## ARTICLE V.

### DU TRAVAIL A LA PLUME.

#### DE L'ÉCRITURE SUR LE PLAN.

Lorsqu'il doit y avoir de l'écriture sur un plan, il
faut la faire dès que les teintes générales sont mises,
parceque rien n'embarrasse alors. Si l'on écrit sur des
teintes vertes, il faut que la couleur ait séché au moins
six heures; autrement elle s'étend, et l'écriture est
inégale et mal-propre.

L'écriture sur un plan doit toujours être en lettres moulées, ou petite italique. On peut la faire si
petite que l'on veut; mais il faut avoir attention de ne
pas la faire trop grosse, parcequ'elle écrase le plan.

Sur les plans itinéraires, on met l'écriture de différentes grosseurs: celle des villages est petite, celle des
bourgs plus grosse; celle des villes doit dominer.

### DES PARCS D'ARTILLERIE.

Les parcs d'artillerie se marquent à l'encre de la
Chine dans l'ordre qu'ils occupent, lorsque les teintes de fond sont mises. (Voyez Pl. 8.)

### DES ARBRES, HAIES ET BUISSONS.

Il y a plusieurs especes de bois, comme aussi plusieurs manieres de les représenter : chacun suit son
goût à cet égard ; le mieux est de rendre la nature du
bois. Sur les plans finis, on les représente le plus
agréablement qu'il est possible.

Sur les plans militaires on choisit toujours la maniere la plus expéditive. On ne fait les bois qu'après
avoir laissé sécher la teinte, au moins une demi-jour-
née ; autrement l'encre ou les couleurs avec lesquelles on les fait s'étendroient et feroient un mauvais
effet. On fait quelquefois les bois en pochant par
places du gros verd ; ensuite, avec une plume et de
l'encre de la Chine, on met à droite quelques traits
pour exprimer l'ombre et faire les pieds des arbres :
autrement on ne met des pieds d'arbres que du côté
de l'ombre, et tout le milieu n'est qu'un amas de ver-
dure, comme on voit une forêt par-dessus. Il arrive
au bout de quelque temps, pour peu qu'un plan soit
exposé à l'air, que tout le verd du bois s'écaille, et
qu'on ne voit plus que les traits de plume à l'encre,
qui ne peuvent être assez bien faits pour y suppléer.

D'ailleurs tous les bois ne se ressemblent pas, ainsi il faut nécessairement en varier l'espece. On en a mis plusieurs dans les planches de cet ouvrage, elles se font toutes à la plume avec de l'encre de la Chine sur la teinte de fond.

On a suivi cette méthode d'après de bons dessinateurs : elle a cet avantage que, lorsque le verd de l'arbre s'est effacé, on reconnoît toujours la nature du bois, et l'on peut remettre du verd à la place de celui qui a disparu.

Avec un peu d'habitude, on peut suivre ce genre de dessin, qui s'acquiert aisément et est très expéditif.

On fait les haies et buissons de même. On suppose voir la campagne à vue d'oiseau, d'un point pris perpendiculairement sur la base du plan. Tous les arbres alors paroissent comme couchés perpendiculairement sur le terrein ; c'est ainsi qu'on les représente sur le plan.

On commence par faire à la plume, avec de l'encre de la Chine très noire, de petits trefles multipliés, dont la partie éclairée n'est que pointillée ou exprimée avec un trait très fin, et la partie dans l'ombre avec un trait fort ; le milieu doit rester presque vuide, afin que le verd qu'on met ensuite dessus reste clair. Plus ces petits trefles sont multipliés, légers du côté du jour, et forts du côté de l'ombre, plus les arbres font d'effet. Si l'échelle du plan est un peu grande, on tâche d'imiter les masses de feuillage des arbres, et on en varie les couleurs.

Lorsque les bois sont des taillis, on les fait très fourrés et par petites touffes; on remplit les intervalles par d'autres petites touffes, et de petits points verds ou roux. Si l'on veut exprimer des taillis coupés, on fait les petites touffes très légeres, et on met de place en place des arbres qui expriment les baliveaux qu'on y laisse:

Les grands bois, ou forêts, s'expriment par touffes; on plante sur les petits monticules de couleur plusieurs arbres ensemble; on en garnit la lisiere du bois et les différentes parties plus ou moins; on y entremêle de petits buissons suivant l'épaisseur du bois.

Dans les plans finis avec soin, lorsqu'il y a des parties claires, on met des teintes rousses ou vertes; sur les rousses, on fait des friches, et sur les vertes, des prés.

On enlumine les bois avec un verd fort, fait avec du verd d'eau et de la gomme gutte. On se sert aussi de verd d'iris; il est moins sujet à s'écailler, mais aussi moins brillant.

Pour composer le verd à enluminer, on fait épaissir du verd d'eau, soit au feu ou au soleil, et on y met plus ou moins de gomme gutte.

On n'enlumine les arbres, bois, buissons, haies, &c. que lorsque tout le plan est fini; autrement le brillant des couleurs se ternit.

Lorsqu'on veut rendre les bois plus agréables, on enlumine les arbres et buissons de différentes couleurs, tels qu'on les voit au printemps ou en automne. On en colore quelques uns avec du roux, d'autres du jaune, d'autres de différent verd, plus ou moins fort. Cette variété fait un bel effet, lorsque les couleurs sont bien distribuées. Dans les bois marécageux on ajoute des roseaux; et sur les bords de l'eau, on observe de colorer les arbres (qu'il faut faire dans ce cas plus alongés) d'un verd très jaune, et d'un verd très vif.

Sur une échelle un peu grande, on peut mettre un verd très clair du côté du jour; sur le côté de l'ombre, un verd foncé; et faire de même pour les haies et buissons le long des chemins et des rivieres.

Les pins, les cyprès, les sapins, se font en hachant de haut en bas, à droite et à gauche de la tige; on les peint avec un verd composé de bleu et de gomme gutte, en hachant avec une plume ou un pinceau.

Les arbres qui viennent le long des rivieres se font plus alongés que ceux des vergers ou des forêts, comme saules, peupliers, &c. sur le même plan. On observe une différence dans les especes d'arbres. Les arbres fruitiers se font comme un trefle, et la tige courte; les arbres des bois ou des chaussées, comme sont les frênes, hêtres, ormes, &c. se font plus alongés et la tige haute; les chênes se font comme les arbres fruitiers et la tige plus haute, sur-tout dans les forêts.

Les forêts sont remplies de plusieurs especes d'arbres; on les varie avec goût, et l'on ne fait de différence dans l'espece, que lorsqu'il se trouve des parties marécageuses, ou des sapins.

### DES VIGNES ET DES HOUBLONS.

Les vignes se font par pieces, en laissant entre elles de petits intervalles. On fait les échalas très petits, perpendiculairement à la base du plan; on peut les planter régulièrement et irrégulièrement; on fait ensuite, autour de chaque échalas, un petit trait en serpent à la plume, avec un verd vif composé de verd d'eau et de gomme gutte.

Lorsque le plan est sur une grande échelle, on peut faire le serpenteau avec de l'encre de la Chine; on y fait quelques petits feuillages, et on colore ensuite avec un verd vif, en suivant les sinuosités jusqu'au pied de l'échalas.

Les vignes se font sur des teintes de fond comme celles des terres labourées. Les houblons s'expriment comme les vignes, mais un peu plus grands, et l'on fait une petite butte au pied. Les perches se plantent toujours régulièrement. On fait plusieurs petits serpenteaux autour de la perche, et on poche avec un verd tirant sur le jaune.

### DES TERRES LABOURÉES.

Les terres labourées se font sur les teintes de fond, comme il a été dit ci-devant. On partage le terrein par pieces, pour distinguer les terres labourées des blés : on les fait toujours plus longues que larges, et d'une inégale grandeur; on varie leur forme et leur couleur le plus qu'il est possible : on prépare quatre ou cinq couleurs différentes, faites de verd d'eau et de gomme gutte, plus ou moins vertes et très légeres, avec une plume émoussée, ou un petit pinceau, on trace les sillons de chaque piece parallèlement dans la longueur; on évite de mettre deux pieces de la même couleur à côté l'une de l'autre, et dans le même sens.

Les terres labourées se font avec une couleur de terre tirant sur le roux. Dans les plaines où il y en a beaucoup, on laisse quelques pieces en jacheres, sur lesquelles on brindille quelques petites herbes à leurs extrémités, repassant à la plume sur chaque sillon avec la même couleur un peu plus forte : on donne de petits coups de force plus sensibles du côté de l'ombre que du côté du jour : on laisse encore un

petit intervalle, comme d'un sillon, entre deux pieces; le côté de l'ombre est toujours un peu plus fort.

Le chevet de la piece de terre est toujours un peu
plus élevé, souvent garni de pierrailles et de ronces:
on y met quelques brindilles à la plume avec un verd
un peu noir, composé de bleu et de gomme gutte.
On met aussi quelques unes de ces brindilles dans les
pieces de terre ou de blés; mais il ne faut pas trop les
multiplier.

Tous les légumes qui viennent en plein champ,
les blés de Turquie, le tabac, &c. se traitent avec
goût, en représentant autant qu'il est possible l'espece de plante, et imitant leur forme ou couleur.

### DES PRÉS.

Les prés se font (lorsque la teinte a été mise comme il a été dit ci-dessus) avec un verd composé de
bleu et de gomme gutte; on les pointille à la plume
par touffes: ce verd est moins gras que les autres et
ne s'écaille pas. On pointille quelquefois les prés avec
de l'encre de la Chine; mais cette méthode n'est pas
agréable.

On pointille les prés plus serré le long des eaux,
dans les terreins bas, le long des murs et des haies:
dans les grandes parties de prés, on ne fait que quelques touffes par places, entremêlées de quelques
points.

G

Dans les plans militaires, on ne se donne pas la peine de pointiller les prés; la teinte suffit pour les exprimer.

On pointille avec la même couleur les vergers, les gazons, les pelouses, ou herbes fines qui poussent dans les bois, sur les montagnes et dans les friches. Les teintes se font verd vif et jaunâtre; on pointille comme les prés, mais plus délicatement, en faisant perdre les points insensiblement avec les friches, sables ou bois qui les avoisinent.

Quelquefois on pointille, dans les bois clairs, les parties basses ou marécageuses.

### DES JONCS ET ROSEAUX.

Avec la même couleur on fait les joncs et les roseaux. Il faut observer de les mettre de préférence sur les bords éclairés, parcequ'alors ils sont plus saillants; il ne faut pas trop les multiplier. On met des joncs de place en place, et quelques buissons dans les mauvais prés, quoiqu'il n'y paroisse pas d'eaux. (Voyez les bords des marais.)

### DES FRICHES.

Les friches se font en petits points alongés. On brindille avec du verd à pointiller les prés et du roux pâle, observant d'y semer quelques petits points de roux vif, qui expriment les chardons.

Il y a des friches pierreuses; on les exprime avec

plusieurs couleurs : mais on ne fait ces détails que sur
des plans finis.

Sur les plans militaires, on les fait très légèrement.
Lorsqu'il s'y trouve quelques parties un peu trop grandes, on se contente de les indiquer, sur-tout si l'on
est à l'armée, ou si l'on est pressé.

### DES TERRES EN REPOS.

Les pieces de terre en jachere, ou en repos, s'expriment comme les friches, mais plus légèrement.

### DES SABLES.

On pointille les sables avec une teinte un peu plus
forte que celle dont on se sert pour le fond ; il faut
que les petits points soient ronds, serrés sur le bord
de l'eau et dans les fonds, et plus clairs à mesure que
l'on s'en éloigne. Lorsqu'ils avoisinent les prés, on
fait perdre insensiblement les prés et les sables ensemble. (Voyez Pl. 3, vis-à-vis le grand gué.)

### DES BRUYERES.

On fait les bruyeres un peu plus grosses que les
friches ; elles sont quelquefois entremêlées de ronces,
de genêts, de genevriers, fougeres et autres buissons.
On brindille avec du verd de différentes nuances,
avec du bleu et du rouge foncé : sur le même plan,
les bruyeres tiennent un milieu entre les friches et les
petits taillis. (Voyez Pl. 5, entre les marais et la petite riviere.)

### DES JARDINAGES.

Les jardinages tracés comme nous avons dit se font de plusieurs couleurs; on les enlumine comme les champs. Sur les plans rapportés avec une grande échelle, on adoucit les différentes teintes, en mettant du côté de l'ombre la couleur plus forte ; on fait ensuite du même côté un gros trait.

Lorsqu'ils sont pointillés et sillonnés comme les terres labourées, on brindille autour de chaque petit carreau avec du verd à pointiller les prés, et un peu plus fort du côté de l'ombre. (Voyez, Pl. 7, les jardins de la ville.)

Quand les jardinages sont mis au trait, du côté de l'ombre on fait le long du trait un petit bandeau à l'encre de la Chine pâle, pour les détacher des petites allées qui les entourent. (Voyez Pl. 4.)

On embellit les jardinages de petits arbustes, de buissons, &c. les platebandes des parterres, d'ifs, de petits pointillages de différentes couleurs; on met quelquefois en élévation des pots, statues, caisses d'orangers ; enfin on enjolive ces choses suivant le goût et le temps qu'on veut y employer.

### DES OMBRES.

Lorsque les allées des bosquets sont plantées d'arbres, on les fait avant que de mettre les teintes des bosquets, et on passe les teintes de fond autour des

arbres; sans cette précaution, on ne pourroit les distinguer que dans les allées.

Si l'on veut exprimer les arbres sur les plans de
fortifications, on les fait à l'encre dès que le plan est
tracé au crayon; ensuite on met le plan au trait, sans
passer sur les arbres.

Il est peu d'usage de mettre sur un plan les ombres des murs; cependant on met assez ordinairement les ombres que forment sur la surface du terrein les choses élevées en perspective sur le plan, de
même que si elles y étoient perpendiculaires, comme
sont les maisons, tours, clochers, arbres ou buissons.

Comme on suppose le jour venir de gauche à
droite sous un angle de quarante-cinq degrés, de même on a jugé que la maniere dont l'ombre d'un objet
se forme le plus agréablement sur le terrein est lorsque le soleil est élevé de soixante degrés sur l'horizon : l'ombre alors est plus courte que l'objet qu'elle
représente; on la fait moins grande que l'objet.

L'ombre des murs, bâtiments, tours et clochers,
se fait avec une seule teinte unie; de même celle des
arbres. On ne met ces ombres que sur des plans finis
avec soin, et faits sur une grande échelle. On ne les
fait paroître que sur les fonds de teintes légeres, dans
les allées, les cours et les places qui restent du blanc
du papier.

Dans les bois, vergers, jardinages, &c. objets dont les teintes sont fortes, et sur lesquels il faudroit mettre beaucoup d'ombres qui feroient un barbouillage, on n'en met point : cela seroit contraire à la netteté avec laquelle tout objet doit être représenté sur un plan.

Les isles de maisons étant lavées comme il a été dit ci-dessus, on mettra un gros trait du côté de l'ombre ; il ne doit être ni trop gros, ni trop foible, mais tracé net.

### DU GROS TRAIT.

On met un gros trait généralement à toutes les parties saillantes du côté de l'ombre, et à toutes les parties creuses du côté d'où vient le jour.

### MANIERE D'ORIENTER LES PLANS.

Il faut choisir un lieu sur le plan pour indiquer le côté du nord. On met ordinairement une fleur de lis au bout d'une ligne droite tracée à l'encre de la Chine. Cette ligne est quelquefois barrée d'une autre par le milieu, qui indique le levant et le couchant. (Voyez Pl. 1 , 4 et 5. )

Les cartes géographiques se disposent de maniere que le nord est toujours le haut de la carte.

Sur les cartes marines, on représente ordinairement tous les points des vents avec une étoile ; on en met aussi sur les plans. On les fait quelquefois en cou-

leur, mais le meilleur goût est de les faire à l'encre
de la Chine. (Voyez Pl. 8.)

### DES MARCHES DE TROUPES.

Lorsqu'on veut marquer sur une carte générale
les marches de différentes armées, on indique les endroits où elles ont passé par des lignes ponctuées, et
l'on exprime l'étendue de leurs camps par des lignes
qui marquent la position qu'ont tenue ces armées. S'il
y a eu un camp retranché, siege, bataille, ou combat
un peu considérable, on ponctue les ouvrages et les
manœuvres; on met à côté une petite note qui les indique. On exprime les camps avec une couleur qui,
marquée sur le renvoi, fait voir l'espece de troupe qui
a campé ou combattu.

Quand on n'exprime pas les troupes sur la carte,
et qu'on veut faire voir le lieu où s'est passée une action considérable, on y met deux sabres en croix, la
pointe en haut si la troupe du souverain auquel ap-
partient le terrein l'a gagnée, et le contraire s'il l'a
perdue. Le mieux est de mettre une petite note qui
indique en quel temps s'est donnée la bataille et entre
quelles troupes. Si ce n'est qu'un petit combat ou une
escarmouche, on n'y met qu'un sabre avec une note,
parcequ'il arrive souvent que des troupes de différentes nations se battent sur des terreins qui n'appartiennent ni à l'une ni à l'autre.

DU TITRE DU PLAN, ET DES CARTOUCHES.

On choisit une place sur le plan pour y mettre le titre, l'échelle, même l'explication des renvois : cette place est séparée du plan par une grosse ligne pareille à celle du cadre. Au lieu d'un gros trait, on fait un cartouche plus ou moins grand, suivant l'écriture qu'on y veut mettre. Il est accompagné d'ornements ; on peut y mêler quelques parties de paysage, ou les armes de celui auquel il est destiné, suivant le goût du dessinateur.

Si l'on ne veut pas mettre d'écriture, on peut dessiner au bas du plan quelques terrasses ou parties de paysages. Les couleurs avec lesquelles on traite ce paysage doivent être plus fortes que celles dont on s'est servi pour le plan, parceque les parties en sont plus grandes relativement à l'échelle : d'ailleurs le cartouche ou paysage, lavé un peu dur, fait opposition avec le lavis du plan ; il le rend plus doux.

DU CADRE.

Autour de la ligne qui en termine le contour, on fait un cadre à la distance d'une demi-ligne ; le gros trait qui forme ce cadre se fait d'une ligne de largeur ou environ. Il ne faut pas qu'il soit trop gros, parcequ'il écraseroit le plan.

On peut voir sur plusieurs planches de cet ouvrage quelques exemples de bâtimens en perspective. C'est

un genre de dessin long et minutieux; par cette raison, il passe les bornes prescrites pour le lavis, qui,
pour des militaires, doit être le plus expéditif possible. Il leur suffit de savoir distinctement représenter
les objets qui sont sur le terrain, pour pouvoir juger,
au coup-d'œil, des difficultés ou des avantages qu'il
présente, relativement aux opérations militaires dont
ils sont chargés.

Dans les petites opérations, qui regardent toujours
l'officier subalterne, le plan doit être traité en détail;
mais dans les grandes opérations, on n'a besoin que
de l'ensemble. Ainsi, trois ou quatre petites maisons
et un clocher, entremêlés d'arbres, représentent un
village, même une ville : en diminuant par gradation
jusqu'aux plus petits objets, une ou deux petites maisons peuvent désigner un hameau.

Une ferme, un moulin, un château, peuvent être
représentés par une seule maison, de même qu'une
chapelle, un couvent, une abbaye, &c.

Si l'on est pressé, ces objets se représentent en
plan par une petite masse quarrée ou rectangle plus
ou moins grande, suivant la grandeur de l'échelle et
le terrain qu'ils occupent. Mais lorsqu'on a le loisir,
on peut les mettre en perspective; la vue est plus
agréablement flattée.

On se sert encore de ce genre de dessin pour re-

H

54      DES COULEURS, &c.

présenter sur un plan un lieu particulier : on y voit
distinctement tout l'ensemble ; car l'objet se trouve
représenté comme s'il étoit bâti en relief.

# CONSTRUCTION

## DE LA PERSPECTIVE

### MILITAIRE.

# CONSTRUCTION

## DE LA PERSPECTIVE MILITAIRE.

### ARTICLE VII.

PLANC. I. La figure 12 est sur une échelle assez grande pour qu'on puisse y exprimer jusqu'aux moindres objets. On est obligé, sur une échelle plus petite, de supprimer les ornements d'architecture que présentent les maisons vues en face ou obliquement. On nomme cette perspective, libre ou militaire. On n'y est point assujetti au point de fuite.

Tout l'art de cette perspective est d'élever perpendiculairement sur la base du plan général les profils des bâtiments sur leurs plans : le dessin n'en est difficile que lorsque l'échelle est assez grande pour pouvoir y appliquer le lavis de l'architecture.

Les ingénieurs et architectes se servent de cette perspective pour représenter les fortifications d'une ville, d'un fort, ou d'un édifice.

Sur une échelle un peu grande, on entre dans le détail des ponts et des communications, qui, joints ou construits sur les taluts des différents revêtements, embarrassent des commençants, à cause de la quantité de lignes que leurs constructions entraînent : mais il ne faut que de l'attention à tirer ces lignes bien légèrement au crayon; le principe est toujours le même, et on se retrouvera facilement.

Pl. 1, F. 14. On suppose une maison dont le plan est A B C D E F; on éleve à chacun des angles des lignes A G, B N, C M, D L, E I, F H, perpendiculairement sur la base du plan général. Si la hauteur de la maison est A G, on portera cette hauteur sur les perpendiculaires élevées aux angles du plan; et tirant les lignes G H I L M N, on aura un nouveau plan, qui est le plancher ou la base sur laquelle s'appuie le toit.

Il faut partager ce nouveau plan en deux parties égales par une parallele aux côtés; et sur cette ligne on diminue aux extrémités la moitié de la largeur totale de la maison; ce qui donne, pour la longueur du faîtage du toit, les deux lignes O P S. On éleve à ces points des perpendiculaires sur lesquelles on porte la hauteur O R ou S T; ce qui détermine le sommet du toit R V S. De ces points on tire les lignes G R, H R, P N, I V, T L, T M, qui forment les arêtes du toit. Comme la perpendiculaire O R est plus courte que la moitié de la largeur du toit, cette construction laisse voir les différents côtés; ceux du devant alongés, et les autres raccourcis.

F. 15. Si la perpendiculaire M S, hauteur du toit,

dépasse la largeur du plancher qui lui sert de base (comme dans cet exemple), alors une des faces du toit est cachée par les autres. (On peut voir, Pl. 8 et 10, différentes dispositions de toits.)

Si on est libre de prendre la position de son plan, on choisira par préférence de mettre l'objet principal sous l'angle de 45 degrés avec la base du plan, parce-qu'alors on voit la moitié des faces.

Si l'objet se trouvoit parallele à la base du plan, et que le plan de l'édifice fût un rectangle, on ne pourroit voir qu'une seule face; les trois autres se-roient couvertes.

On y supplée en se servant de la perspective na-turelle; on suppose alors sur le plan un point de fuite où tendent tous les objets.

F. 16. La ligne B N est toujours parallele à la base du plan. C'est sur cette ligne, qu'on nomme ligne de terre, que tous les objets sont élevés perpendiculaire-ment. Le point de fuite M peut être placé à volonté: mais sur un plan on le met ordinairement au centre, ou dehors le tableau à la droite; et tous les objets fuient ou tendent vers ce point. La ligne N X est dé-terminée par la longueur que l'on veut donner au côté A C : alors le parallélogramme A B C D est le nouveau plan sur lequel on éleve les profils de l'édi-fice, comme il est dit ci-devant.

Ceux qui voudront connoître parfaitement cette perspective, pourront s'instruire dans le traité qu'en a donné M. Jaurat de l'académie des sciences.

On fait encore usage de la perspective lorsqu'on veut représenter un terrein sur lequel il s'est passé une action mémorable, et dont on veut faire voir en élévation les différents mouvements; le point de fuite se met au milieu du haut de la carte, et alors tous les objets tendent au point de fuite, et diminuent de grandeur à mesure qu'ils s'éloignent de la base du plan.

Lors même qu'un plan seroit dessiné suivant les regles ordinaires du lavis, on y peut mettre en perspective fuyante les principaux bâtiments; comme gouvernement, hôtel-de-ville, les églises, ou autres principaux édifices; dans la campagne, les châteaux, abbayes, clochers, chapelles, fermes, ou autres choses remarquables: c'est une licence que se permettent les dessinateurs pour enjoliver leurs plans.

F I N.

Profil
de Charpente
17.

ECHELLE

ECHELLE pour les Figures 0. 1. 2. 3. 4. 5. 6. 7. 8. 9. 10. 11.

*tiré par Louis Marie Bonnet premier Graveur dans ce genre.*

# PLANCHE I.

1. 
2. { Épaulements appuyés à l'angle ou le long d'une haie ; ils sont fourrés de palissades et fraisés au pied. La couleur jaune des profils exprime les terres enlevées.

3. { Épaulement pour garantir du fusil, élevé sur le bord d'un fossé plein d'eau, d'un ruisseau, ou d'une petite riviere ; avant la construction, on a pratiqué une rigole pour l'écoulement des eaux de pluie.

4. { Parapet élevé sur un escarpement, au bord d'une riviere, dont le terrein du bord opposé est plus élevé.

5. Parapet élevé sur un escarpement dont on a tranché les terres à pic.

6. { Épaulement à l'épreuve du fusil ; il est couvert d'un abattis et de cinq rangs de puits, serrés et garnis de palissades.

7. Profils de différentes épaisseurs.

8.
9.
10. { Profils de retranchements derriere des murs et dans des maisons, sur un terrein élevé ou horizontal.
11.

12. Élévation en perspective militaire d'un château et de ses jardins.

13. { Élévation en perspective militaire d'un moulin et de ses dépendances.

14.
15. { Construction de la perspective militaire.

16. { Construction d'une maison élevée en perspective, dont les points de fuite et d'observation sont déterminés.

17. { Profil de charpente sur lequel on attache les ardoises ou les tuiles des maisons.

18. Petits rochers élevés en perspective militaire.

O. Plan de l'intérieur d'une maison.

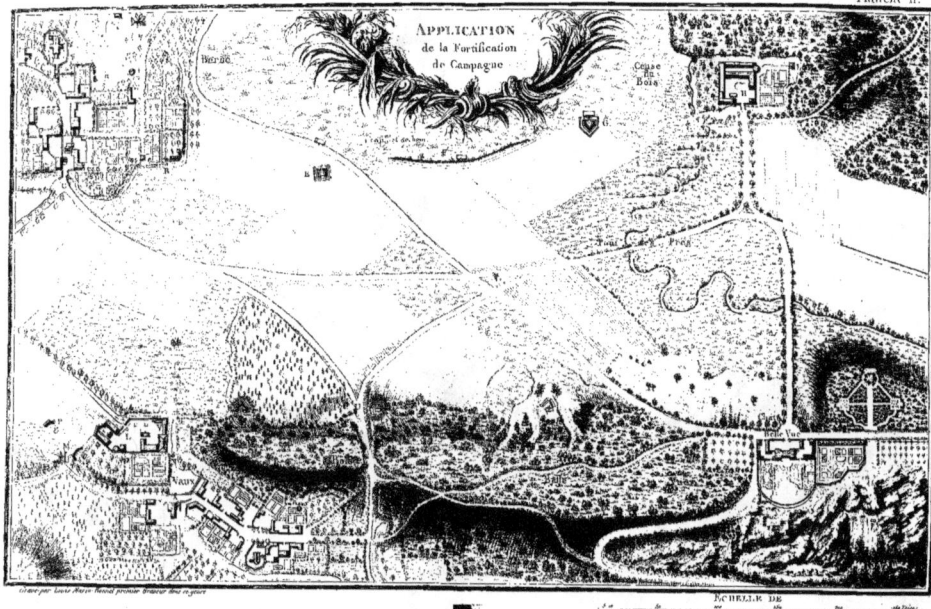

# PLANCHE II.

A. Traverses faites à l'entrée des rues du village.

B. Petit redan appuyé sur une haie, le ruisseau élargi lui sert de fossé.

C. Pont de Berne.

D. Cimetière muré, dominant sur le village : il est disposé à servir de retraite aux troupes qui gardent la tête de ce village.

E. Redoute pour contenir une grand'garde.

F. Ressaut dans la plaine : on a creusé au pied un fossé, pour augmenter son escarpement.

G. Redan à flancs pour contenir une grand'garde.

H. Garde postée dans une cense.

h. Petit poste de la cense.

L. Ferme à l'entrée du village de Vaux.

M. Petit pont de bois flanqué par un redan.

N. Batardeau gardé par un caporal et quatre hommes.

O. Four au bord du ruisseau, avec un batardeau, gardé par un caporal et quatre hommes.

P. Poste avancé d'un caporal et quatre hommes.

T. Redan entouré d'abattis, occupé par un lieutenant et vingt hommes.

U. Redan entouré d'abattis, occupé par un capitaine et vingt hommes.

V. Poste d'un sergent et dix hommes.

X. Pont du moulin.

Y. Colombier.

Z. Poste entre les deux granges.

Q. Cimetière de Vaux, dominant le village.

PLAN
D'UN PROJET DE DÉFENSE
dans un Château,
et dans un Moulin escarpé;
devant deux Gués, et à la
tête d'un
Pont.

## PLANCHE III.

A. Épaulement brisé en face du grand gué.

B. Tranchées occupées par des troupes pour défendre le passage du gué.

C. Petit poste avancé gardant le bac.

D. Redans et abattis pour défendre le gué des sapins.

E. Redan couvrant le pont de fascines.

F. Épaulements barrant les deux chemins qui conduisent au moulin.

H. Garde d'un lieutenant et vingt hommes.

I. Dépôt de paille et de fagots gardé par quelques soldats embusqués dans les buissons; ils doivent mettre le feu au dépôt à l'approche de l'ennemi.

M. Place d'une garde près la tour, sur laquelle est placée une sentinelle.

N. Pavillon occupé par le commandant du poste.

O. Poste d'une petite garde.

P. Pavillon occupé par un sergent et trente hommes.

Q. ) Épaulements barrant les deux chemins qui conduisent au
R. ) château.

S. Pente entre les rochers, coupée à pic et bordée d'abattis.

T. Cour formée de murs garnis de banquettes et crénelés à deux rangs.

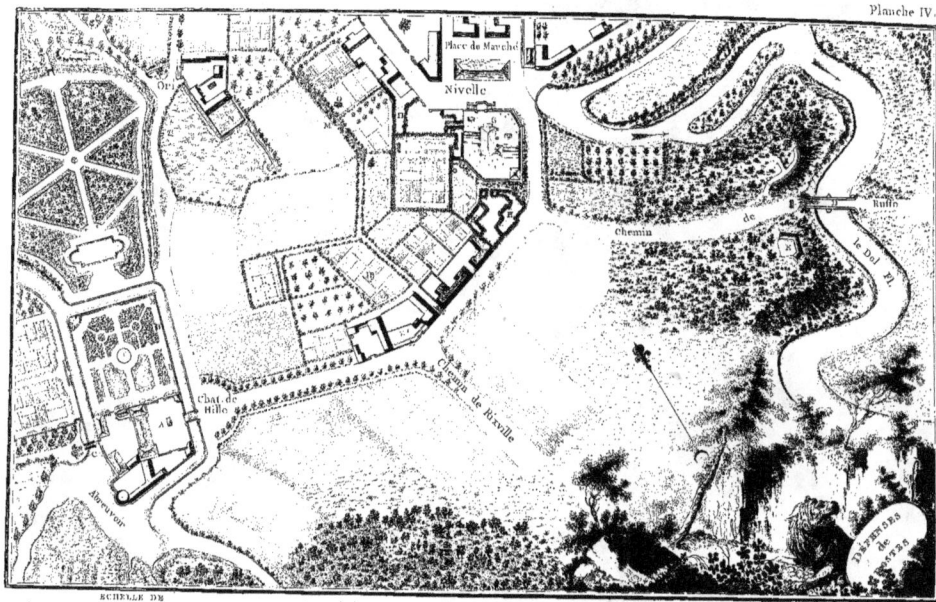

Planche IV.

ECHELLE DE

## PLANCHE IV.

A. Cour d'entrée du château.
B. Petites tranchées faites le long du mur.
C. Pont de l'abreuvoir.
D. Pont de pierre embarrassé d'arbres, de paille, et de fagots goudronnés.
E. Redan creusé dans les terres, occupé par un capitaine et vingt hommes.
F. Tranchée occupée par un lieutenant et quinze hommes.
G. Cimetière retranché.
H. Maisons démolies aux environs du cimetière.
I. Murs abattus afin que du cimetière on puisse faire feu sur les jardins.
L. Poste commandé par un lieutenant; il fournit une chaîne de sentinelles sur le front du village depuis le cimetière jusqu'au château.
M. Chemin embarrassé de branches.
N. Poste d'un lieutenant et vingt hommes.
O. Poste d'un sergent et dix hommes.
B. Dépôt de paille et de fagots goudronnés.

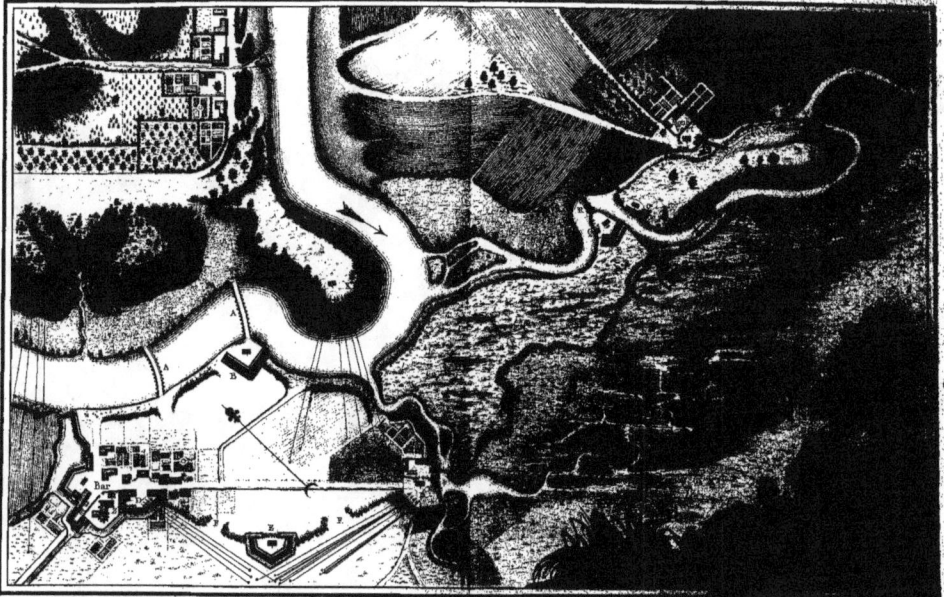

ÉCHELLE DE

Gravé par Louis Marin Bonnet d'après Grateur dans ce genre

# PLANCHE V.

A. Ponts de bateaux ou de pontons.

AA. Place d'un épaulement qui serviroit à défendre le passage du
     pont si l'ennemi s'étoit emparé de la redoute.

B. Redan pour couvrir le pont.

C. Batardeau servant à retenir l'eau d'un ruisseau, vis-à-vis les
    retranchements de la droite du village de Bar.

D. Batteries flanquant les abattis et le redan à flancs.

E. Redan à flancs, avancé.

F. Trouées dans les abattis par où débouchent les troupes.

G. Retranchement fraisé et palissadé, pour couvrir le moulin de
    Saint-Leu.

H. Retranchement derriere le moulin, pour défendre le passage
    de la petite riviere.

L. Criques ou coupures dans les marais, pour les rendre moins
    accessibles.

M. Petit pont protégé par les maisons du moulin verd.

N. Épaulements flanquant les faces de la tête de pont.

O. Traverses plus élevées que l'épaulement; elles couvrent les
    soldats du feu de revers.

P. Angle flanqué de la tête de pont.

Q. Traverse pour protéger le passage et couvrir l'entrée du pont.

R. Pont couvert d'un redan, et flanqué de deux épaulements.

S. Poste retranché sur un terrein dominant la digue : il sert à
    protéger le passage des troupes.

T. Ponts établis sur un ruisseau et le long d'une digue.

V. Épaulement brisé servant à empêcher le passage de la digue.

X. Batteries sur les hauteurs pour protéger les ponts de bateaux.

Y. Ravin comblé vis-à-vis la tête de pont.

Z. Cimetiere retranché dans le village de Bar.

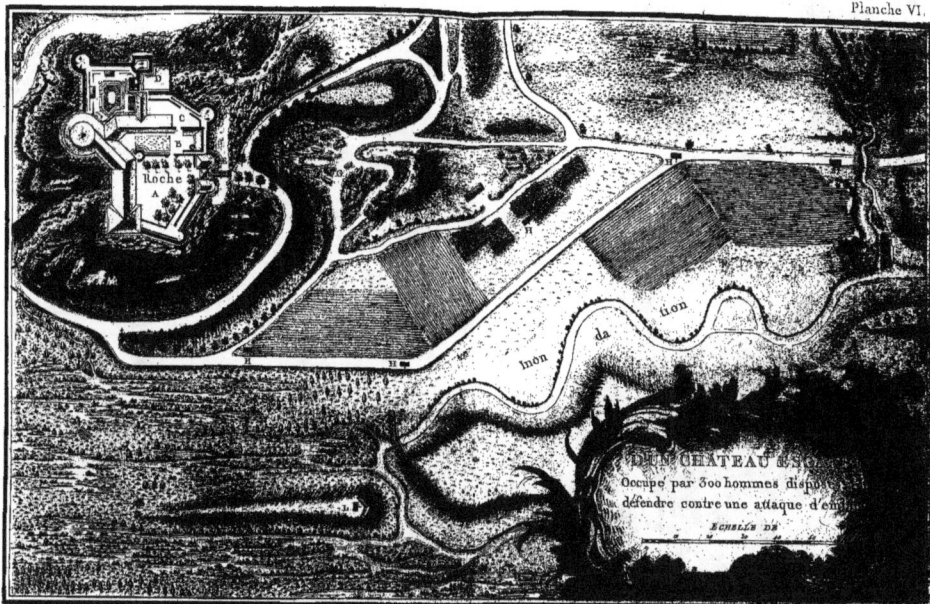

DU CHATEAU &c.
Occupé par 300 hommes disposé
défendre contre une attaque d'en

ECHELLE DE

Gravé par Louis Marin Bonnet premier Graveur dans ce genre.

# PLANCHE VI.

A. Grande cour du château.
B. Petite cour.
C. Basse-cour.
D. Réservoir.
E. Fossé sec taillé dans le roc.
F. Torrent qui se précipite à travers les rochers.
G. Carrieres.
H. Petits postes formant la chaîne le long d'une inondation.
I. Batardeau sur la petite riviere pour former une inondation.
L. Redan construit pour la défense du batardeau.
M. Communication au redan par le marais.
N. Petits ruisseaux bordés de ravins.

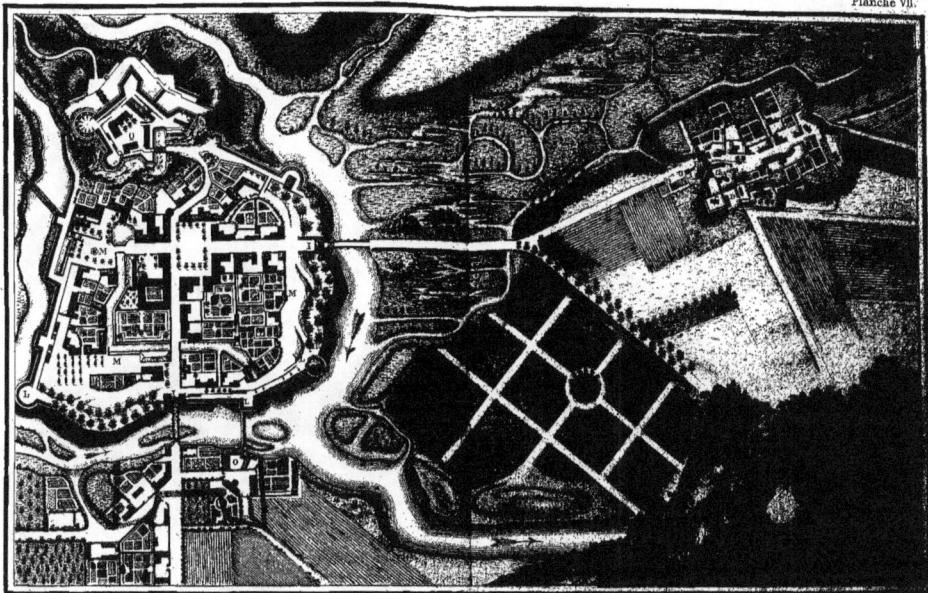

Gravé par Louis-Marin Bonnet, premier Graveur dans ce genre

ECHELLE DE

## PLANCHE VII.

A. Digues sur le ruisseau et dans les marais, pour former une
    inondation derriere le village.

B. Épaulement avec un fossé.

IB. Retranchements du village.

C. Terrasse du château.

D. Basse-cour.

R. Traverses.

E. Cimetiere.

F. Petits pavillons sur l'escarpement bordé d'abattis.

G. Maisons démolies sur le chemin de la ville.

H. Remparts ruinés : on les a terrassés, fraisés et palissadés.

I. Portes de la ville.

L. Tours qui flanquent les remparts de la ville.

M. Places destinées pour le rendez-vous des troupes.

O. Moulins.

P. Projet d'un ouvrage à cornes pour couvrir le pont et les moulins.

Q. Citadelle sur des rochers escarpés.

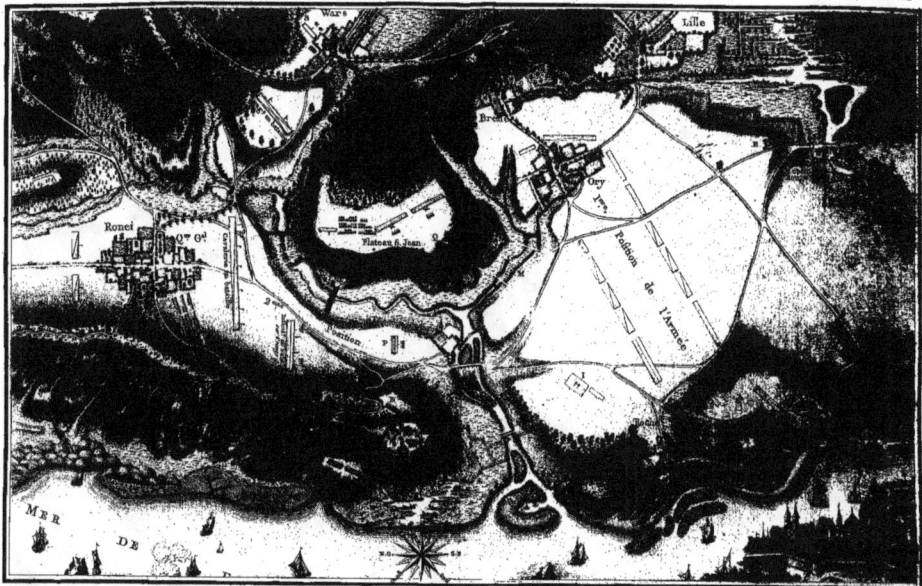

ECHELLE DE

*Gravé par Louis Marin Bonnet, premier Graveur dans ce genre.*

# PLANCHE VIII.

### PREMIERE POSITION.

A. Hauteur occupée par six bataillons d'infanterie et une division d'artillerie.

B. Grand'garde de cent hommes à la tête du village de Lure.

C. Grand'garde de cavalerie.

D. Poste de volontaires pour la garde du pont.

E. F. Grand'garde de cinquante hommes.

G. Poste d'une compagnie de chasseurs.

H. Poste d'une compagnie de chasseurs derriere des abattis.

I. Parc d'artillerie.

L. Ponts de communication.

M. Ponts de retraite.

### DEUXIEME POSITION.

N. Batteries à mi-côte du château noir, gardées par un bataillon.

O. Petit redan garni de quatre pieces de canon.

P. Bataillon de grenadiers et quatre pieces de canon.

Q. Redan du plateau Saint-Jean, occupé par quatre bataillons et une division d'artillerie.

R. H. Détachements de grenadiers et de chasseurs avec deux pieces de canon.

S. Poste de grenadiers et chasseurs au village de Wars.

T. Ponts de communication.

V. Redans avec des batteries de canon, gardés par des détachements d'infanterie, sur de petites éminences au pied de la hauteur sur le bord de la mer.

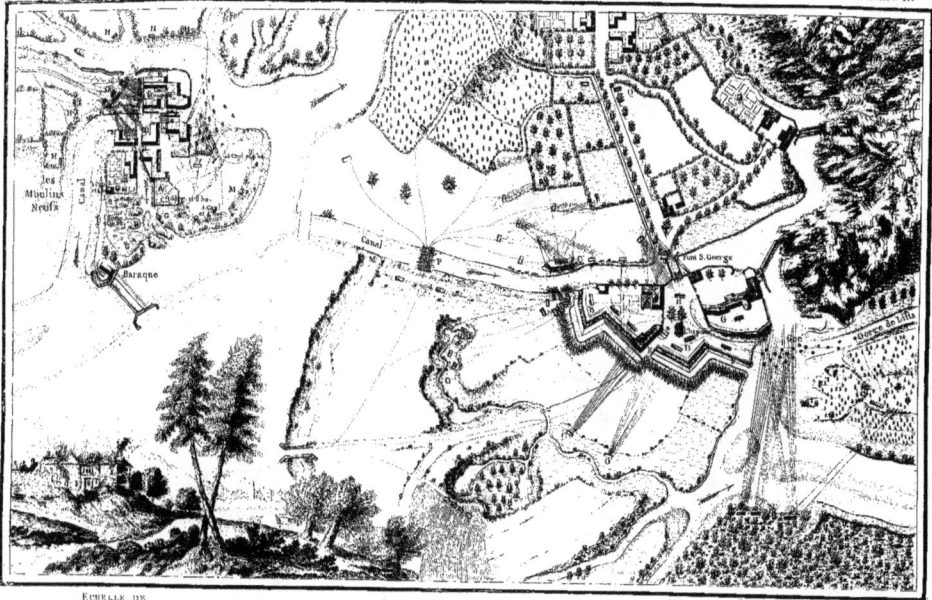

# PLANCHE IX.

### MOULIN NEUF.

A. Poste d'un sergent et huit hommes.

B. Petit pont du moulin à tan, les madriers en sont levés.

C. Terrasse du moulin à tan flanquant le devant des granges.

D. Petite terrasse.

E. Intervalle entre la rivière et les granges ; il est barré d'une forte palissade.

F. Abattis composé d'arbres et de chariots.

G. Pont de communication fait de planches et de claies.
　　Un lieutenant et trente hommes sont placés à la baraque.

H. Petits pelotons à couvert derrière les haies.

I. Pavillon du potager.

### PONT SAINT-GEORGE.

A. Maison démolie à hauteur du parapet.

B. Redan.

C. Épaulement sur le bord de la rivière.

D. Redan couvrant l'église Saint-George.

E. Passage sur le chemin.

F. Épaulement joignant le gué.

G. Poste sur la terrasse.

H. Petit détachement de réserve.

Q. Détachement à l'entrée du village.

R. Pelotons de grenadiers dans le ravin.

O. Chasseurs et volontaires.

P. Pont de fascines et de claies jettées sur la vase.

M. Portière pour le dégagement du canal.

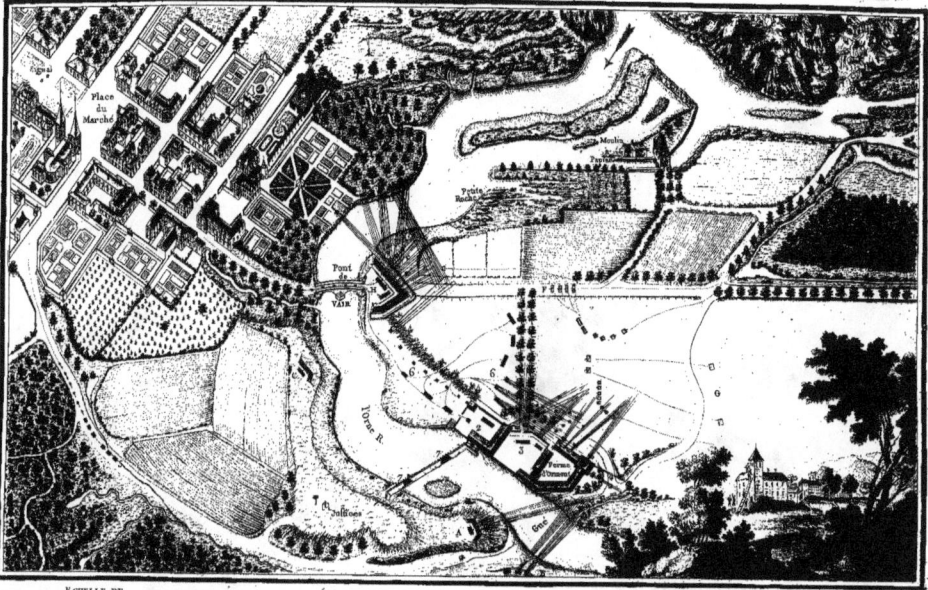

Place
du
Marché

Pont
de
VAIR

l'Orne R.

Jalilces

Moulin

Petite

Ferme
d'Ormont

Gue

ECHELLE DE                     100 Toises

Gravé par Louis Marie Bosset premier Graveur des ingenrs

# PLANCHE X.

A. Redan défendant le passage du gué.

B. Tranchée fournissant un feu rasant sur le gué.

C. Redan flanquant la face droite de la redoute.

D. Détachement derriere des buissons sur le bord de la riviere, flanquant la face gauche de la redoute.

E. Ponts de communication sur un petit ruisseau.

F. Détachement ennemi en bataille par pelotons sur la chaussée.

G. Piquets de dragons pour soutenir l'attaque.

Pont de Vair couvert d'un redan à flancs, fraisé et palissadé.

O. Pot à feu pour donner le signal.

2. Moulin sur l'Orne tenant à la ferme d'Ormont.

3. Grande cour de la ferme.

4. Abattis flanquant le front de la tête de pont et couvrant la communication du pont à la ferme.

5. Détachement et quatre pieces de canon arrivant au secours des postes attaqués.

6. Renfort tiré de la redoute, arrivant au secours de la ferme ; il passe par des trouées qu'il fait dans l'abattis, charge l'ennemi de revers, et lui fait abandonner l'attaque.

7. Portiere sur la digue.

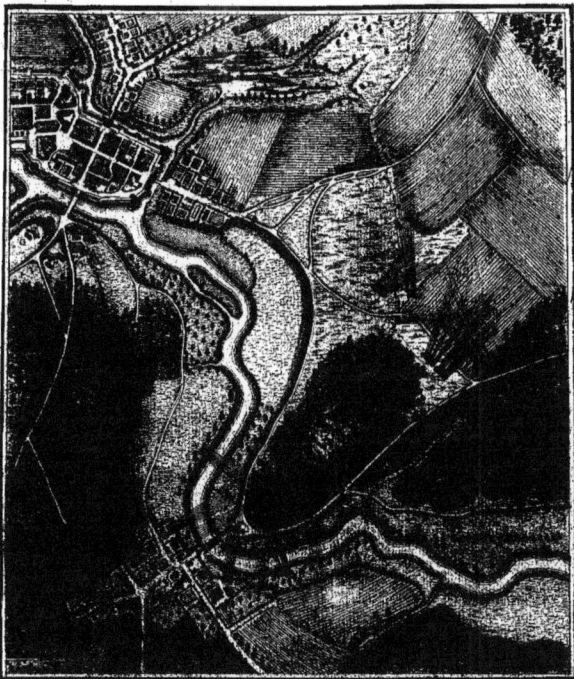

*Gravé par Louis Marin Bonnet, premier Graveur dans ce genre; d'après les desseins composés par M. Fosse Officier au Régiment du Roi.*

# PLANCHE XI.

A. Pont de Villemars.

B. Pont de Lus.

C. Batterie ennemie de huit pieces de canon.

D. Grand' gardes ennemies.

E. Détachement de grenadiers et chasseurs en bataille par pelotons dans les jardins de la ville.

F. Petits pelotons fusillant sur les gardes ennemies.

G. Batteries et retranchements faits en cas de retraite, pour empêcher l'ennemi qui se seroit emparé de la ville, de rétablir le pont si on l'eût fait sauter.

H. Gardes ennemies.

L. Partie du détachement de grenadiers et chasseurs attaquant une grand'garde.

M. Division destinée à repousser le secours que l'ennemi enverroit à la batterie.

N. Troupes embusquées dans le bois.

O. Peloton posté au bord du ravin.

P. Division attaquant de revers la batterie.

Q. Pelotons attaquant de revers les petites gardes ennemies.

R. Piquets ennemis arrivant au secours de la batterie, et mis en fuite.

## APPROBATION.

J'ai lu par ordre de Monseigneur le Garde des Sceaux un manuscrit intitulé, *Idées d'un Militaire pour la disposition des Troupes confiées aux jeunes Officiers*, &c. par M. Fossé, Officier au Régiment du Roi, et je n'y ai rien trouvé qui puisse en empêcher l'impression, et qui ne doive en faire desirer la publication par ceux à l'instruction desquels il est destiné. A Paris, ce 28 Mars 1782.

DE KERALIO.

## PRIVILEGE GÉNÉRAL.

LOUIS, PAR LA GRACE DE DIEU, ROI DE FRANCE ET DE NAVARRE: A nos amés et féaux Conseillers, les Gens tenant nos Cours de Parlement, Maîtres des Requêtes ordinaires de notre Hôtel, grand-Conseil, Prévôt de Paris, Baillifs, Sénéchaux, leurs Lieutenants Civils, et autres nos Justiciers qu'il appartiendra: SALUT. Notre bien amé le sieur Fossé, Officier de notre Régiment, Nous a fait exposer qu'il desireroit faire imprimer et donner au public un ouvrage de sa composition intitulé : *Idées d'un Militaire pour la disposition des troupes confiées aux jeunes Officiers*, &c. s'il nous plaisoit lui accorder nos Lettres de Privilege à ce nécessaires. A CES CAUSES, voulant favo-rablement traiter l'Exposant, nous lui avons permis et permettons de faire im-primer ledit ouvrage autant de fois que bon lui semblera, et de le vendre, faire vendre par tout notre Royaume. Voulons qu'il jouisse de l'effet du présent Pri-vilege, pour lui et ses hoirs à perpétuité, pourvu qu'il ne le rétrocede à per-sonne; et si cependant il jugeoit à propos d'en faire une cession, l'Acte qui la contiendra sera enregistré en la Chambre Syndicale de Paris, à peine de nul-lité, tant du Privilege que de la cession; et alors, par le fait seul de la cession enregistrée, la durée du présent Privilege sera réduite à celle de la vie de l'Ex-posant, ou à celle de dix années, à compter de ce jour, si l'Exposant décede avant l'expiration desdites dix années; le tout conformément aux articles IV & V de l'Arrêt du Conseil du trente Août 1777, portant Réglement sur la du-rée des Privileges en Librairie. Faisons défenses à tous Imprimeurs, Libraires et autres personnes, de quelque qualité et condition qu'elles soient, d'en intro-duire d'impression étrangere dans aucun lieu de notre obéissance; comme aussi d'imprimer ou faire imprimer, vendre, faire vendre, débiter ni contrefaire les-dits ouvrages, sous quelque prétexte que ce puisse être, sans la permission ex-presse et par écrit dudit Exposant, ou de celui qui le représentera, à peine de saisie et de confiscation des Exemplaires contrefaits, de six mille livres d'a-mende, qui ne pourra être modérée, pour la premiere fois, de pareille amende et de déchéance d'état en cas de récidive, et de tous dépens, dommages & in-térêts, conformément à l'Arrêt du Conseil du 30 Août 1777, concernant les contrefaçons. A la charge que ces présentes seront enregistrées tout au long sur le Registre de la Communauté des Imprimeurs et Libraires de Paris, dans trois mois de la date d'icelles; que l'impression dudit ouvrage sera faite dans notre Royaume, et non ailleurs, en beau papier et beaux caracteres, conformément aux Réglements de la Librairie, à peine de déchéance du présent Privilege:

qu'avant de l'exposer en vente, le manuscrit qui aura servi de copie à l'impression dudit ouvrage sera remis dans le même état où l'Approbation y aura été donnée ès mains de notre très cher et féal Chevalier Garde des Sceaux de France le sieur Hue de Miromesnil, Commandeur de nos Ordres; qu'il en sera ensuite remis deux Exemplaires dans notre Bibliotheque publique, un dans celle de notre Château du Louvre, un dans celle de notre très cher et féal Chevalier Chancelier de France le sieur de Maupeou, et un dans celle dudit sieur Hue de Miromesnil : le tout à peine de nullité des Présentes, du contenu desquelles vous mandons et enjoignons de faire jouir ledit Exp. et ses hoirs pleinement et paisiblement, sans souffrir qu'il leur soit fait aucun trouble ou empêchement. Voulons que la copie des Présentes, qui sera imprimée tout au long au commencement ou à la fin dudit ouvrage, soit tenue pour duement signifiée, et qu'aux copies collationnées par l'un de nos amés et féaux Conseillers-Secrétaires, foi soit ajoutée comme à l'original. Commandons au premier notre Huissier ou Sergent sur ce requis, de faire pour l'exécution d'icelles, tous actes requis et nécessaires, sans demander autre permission, et nonobstant clameur de Haro, Charte Normande, et Lettres à ce contraires. Car tel est notre plaisir. Donné à Paris le vingt-sixieme jour de Juin, l'an de grace mil sept cent quatre-vingt-deux, et de notre regne le neuvieme.

### PAR LE ROI EN SON CONSEIL.

Signé, Le Begue.

Registré sur le registre de la Chambre Royale et Syndicale des Libraires et Imprimeurs de Paris, N°. 2621, folio 758, conformément aux dispositions énoncées dans le présent Privilege; et à la charge de remettre à ladite Chambre les huit exemplaires prescrits par l'article CVIII du Réglement de 1723. A Paris, ce 30 Juillet 1782. Le Clerc, Syndic.

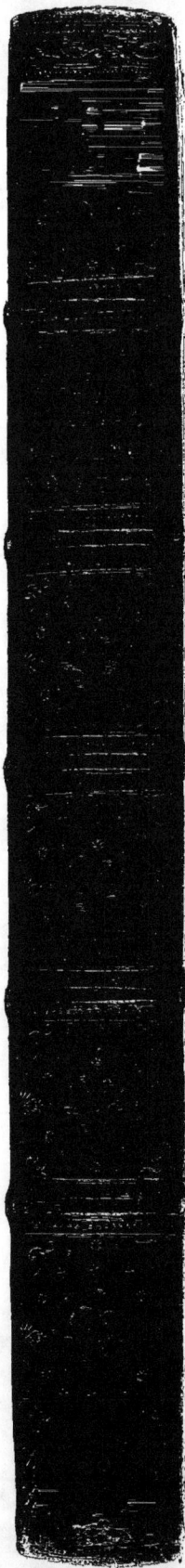

www.ingramcontent.com/pod-product-compliance
Lightning Source LLC
Chambersburg PA
CBHW061018280326
41935CB00009B/1016